心安,灵魂的归宿。

唤醒之光 心何以安系列丛书

心何以安

人生意义

胡山林 著

河南大学出版社
HENAN UNIVERSITY PRESS

图书在版编目(CIP)数据

心何以安. 人生意义/胡山林著. —郑州:河南大学出版社,2015.2
ISBN 978-7-5649-1917-7

Ⅰ.①心… Ⅱ.①胡… Ⅲ.①人生哲学-通俗读物 Ⅳ.①B821-49

中国版本图书馆CIP数据核字(2015)第044424号

责任编辑　陈　巧
责任校对　林方丽
封面设计　郭　灿

出　版	河南大学出版社
	地址:郑州市郑东新区商务外环中华大厦2401号　邮编:450046
	电话:0371-86059713(高等教育与职业教育出版分社)
	0371-86059701(营销部)　　　网址:www.hupress.com
排　版	郑州市今日文教印制有限公司
印　刷	河南瑞之光印刷股份有限公司
版　次	2018年3月第1版　　印　次　2018年3月第1次印刷
开　本	890mm×1240mm　1/32　　印　张　6
字　数	150千字　　　　　　　　定　价　28.00元

(本书如有印装质量问题,请与河南大学出版社营销部联系调换)

目 录

引言：人生意义是人生哲学的元问题 /001

一 言说意义 /003

A. 无意义论

（一）叔本华：人生没有任何真正价值 /003
（二）托尔斯泰：生命毫无意义 /006
（三）毛姆：人生没有道理，人生没有意义 /007
（四）韩某：我不知道人活着的意义 /009
（五）黄某某：人生本无意义，看穿才是唯一的意义 /011

B. 有意义论

（一）儒家：修身齐家治国平天下 /013
（二）道家：保持赤子之心，不为世俗所累 /016
（三）佛教：慈悲为怀，普度众生 /019
（四）基督教：做上帝拯救之爱的中介 /021
（五）陈独秀：创造幸福并惠及社会、他人 /024
（六）胡适：生命意义是自己创造的 /027
（七）梁漱溟：用心思去创造 /028
（八）杨绛：修炼自己，完善自身 /031
（九）王蒙：人生就是生命的一次燃烧 /034
（十）季羡林：对人类发展尽承上启下的责任 /037

（十一）汤一介：爱人类、爱国家、爱民族 /039

（十二）梁晓声：人生的意义在于承担 /042

（十三）罗素：渴望爱情，寻求知识，怜悯人类 /044

（十四）卡莱尔：工作之中意义无穷 /045

（十五）汤川秀树：怀抱崇高理想，竭尽全力去实现 /048

（十六）爱因斯坦：满足人的需要，建立人间和谐美好的关系 /050

（十七）阿德勒：生活的真正意义在于奉献 /052

（十八）弗兰克尔：认真对待生活，恪尽人生责任 /056

（十九）稻盛和夫：活着的时候为世界做出贡献 /060

（二十）威尔·杜兰特：努力工作为包括我们自身的人类做贡献 /063

二 活出意义 /064

（一）张正祥：三十年艰苦卓绝保卫滇池的农民 /065

（二）叶青：连续多年呼吁并上书"两会"促公车改革 /068

（三）王顺友：几十年如一日行走在青藏高原大山中的邮递员 /071

（四）李桂林、陆建芬：在彝族山寨撑起"天梯学校"的夫妇俩 /073

（五）王万青：自愿离开上海到甘肃藏区当了一辈子医生 /076

（六）谢延信：早年丧妻，无怨无悔伺候岳父、岳母和智障内弟几十年 /078

（七）白芳礼：靠蹬三轮车捐资助学35万 /079

（八）何玥：主动捐献器官的小女孩儿 /082

（九）高淑珍：普通农村妇女多年坚持为残疾儿童免费办家庭

课堂 /084
（十）陈家顺：为了农民工，局长变身民工当"卧底" /085
（十一）周月华、艾起："爬"遍青山送医上门 /087
（十二）居马泰：牧区行医20年，免除诊费近10万 /088
（十三）李前锋：身为病人却仍然志愿坚持在深山行医 /091
（十四）钟晶：辞去城市医院工作自愿当山村医生的"80后"女孩 /093
（十五）朱和平：一生高度敬业的垃圾清运工 /095
（十六）杨皂：一生为乡亲义务修桥铺路的"当代愚公" /097
（十七）区少坤：多年与公车私用现象做斗争的广州老伯 /098
（十八）邓卫星：帮助困难家庭孩子上学几十年 /101
（十九）冯友兰：为中国哲学奋斗到生命的最后一息 /104
（二十）聂绀弩：至死苦恋文学事业 /106
（二十一）孟二冬：传统文化和现代精神的完美融合 /109
（二十二）汪侠：为了理想和信念，83岁第12次参加高考 /111
（二十三）王广亚：一生在台湾和大陆独资创办十所学校奉献社会 /113
（二十四）陈树菊：台湾卖菜大婶酱油拌饭捐千万 /116
（二十五）特蕾莎修女：活着就是爱 /119
（二十六）卡内基："在巨富中死去是一种耻辱" /121
（二十七）比尔·盖茨：世界首富将全部财产捐赠慈善事业 /124
（二十八）卢安克：长期在中国偏远山区支教的德国志愿者 /127
（二十九）谭妮：她没想过改变世界，但世界因她而改变 /129
（三十）金能焕：韩国大法官退休后在夫人小超市"再就业" /132

三 思辨意义 /135

(一) 人生究竟有无意义 /135
(二) 人生意义的悖论 /144
(三) 意义悖论与人生智慧 /145

四 创造意义 /149

(一) 人生意义的含义 /149
(二) 人生意义是各人自己创造出来的 /154
(三) 怎样创造人生意义 /155
(四) 在创造意义的过程中体验幸福和快乐 /169

结语:在为他人为社会释放正能量的过程中体验意义
/172

附录:史铁生怎样看待人生意义 /174

引言：人生意义是人生哲学的元问题

人生意义问题，即人为什么而活着的问题，可以说是人生哲学的元问题——第一问题，根本问题，基础问题。因为它关系着人活着的理由、人生存的基本根据，是人生其他问题的前提和背景，所以，自人类自我意识觉醒以来，就开始了对人生意义问题的思考。

人生意义问题的追问，说明人已经脱离了、超越了为活着而活着——活着就是一切，活着就是目的，活着就是意义——的动物层面，说明人已经意识到除了活着之外，还应该有一个高于活着本身的层面，这，就是"为什么活"即人生的意义了。

然而，虽然自古以来人们都在思考这一问题，但始终没有终极的结论。正如老子的"道"：道可道，非常道——可以用语言表达的"道"，不等于本体的"道"。也就是说"道"是不可言说的，或者说无论你怎么言说也说不完全、说不准确、说不清楚、说不透彻。"道"是全，任何人的言说都是"一"，即都是其中的某一角度、某一侧面。然而，"道"虽不可"道"（言说），可是历来人们又都在言说，而"道"也正是在人们的不断言说中一点点地展开其内核，人们逐渐感悟到了它的本体，或者说不断在接近它的本体。看来，言说还是必要的。对人生意义问题的思考，亦可以作如是观。

永远在思考又永远没有最终结论，这正是人生意义问题的魅力所在——永远没结论但永远有魅力，这正是人文学科的特性。

否则,如果有一个最终结论,就像"速度乘以时间等于距离""三角形内角和等于180度"一样,试问,还有魅力吗?

永远在思考又永远没结论,这样的思考还有意义吗?当然有!意义就在于,你(泛指每个人、所有人)的追问和思考说明你超越了只为吃喝性的低层次人生,说明你在追求一个超越生命本身的属于精神、灵魂的东西,你有"精神家园""灵魂归宿"的形而上需求,这样无形中就提升了你的人生层次。否则,如果永远没有对人生意义的追问和思考,永远只是吃喝性,活着只是活着,永远被一种盲目的意志所驱动,那样的人生和一般动物何异?

所以,追问和思考人生意义,是人之为人的起码标志,人之为人的必要的、必然的精神冲动。古今中外上至圣哲贤人,下至平民百姓,都在不断地追问和思考。追问和思考的人不可胜数,言说的观点众说纷纭。人类正是在不断追问、思考、言说中纵向加深着、横向拓展着对这一问题的认识,正是在思考和言说中凝聚着、引领着自己的精神生活,一步步走在迈向文明高地的路途中。

一　言说意义

那么，关于人生意义，古今中外的人都有过哪些思考、哪些言说呢？让我们先听一听他们的观点，以作为我们思考的出发点吧！

前人的思考和言说多多，归纳起来，其基本思路首先集中在"有""无"上；其次是，如果有，是什么。所有的"言说"基本都围绕着这两个问题展开。

下面，笔者从接触到的有限材料中，既随机又有选择（因为多至无限，谁也不可能也没必要搜罗齐全，所以不可能不随机，不可能不选择）地辑录了古今中外二十五则"言说（人生）意义"的资料，供读者参考，同时也作为我们思考、讨论这一问题的理论背景和思想资源。

A. 无意义论

（一）叔本华：人生没有任何真正价值[①]

作者简介：叔本华（1788～1860），德国哲学家，唯意志论哲学

[①] 陈珺主编：《心灵简史——探寻人的奥秘与人生的意义》，第 3～8 页，线装书局，2003。

的创始人。他的哲学否认人的理性而强调人的非理性,这对现代哲学的影响巨大。弗洛伊德指出,叔本华是最早清楚地表达无意识概念的思想家。下文节选自其《生存空虚说》。

生存之所以空虚,在以下几点中都能很明显地表现出来:第一,在生存的全形式中,"时"与"处"本身是无限的,而个人所拥有的极其有限;第二,现实唯一的生存方式,只是所谓"刹那的现在"的现象;第三,一切事物都是相关联、相依凭的,个体不能单独存在;第四,世上没有"常驻"的东西,一切都在不停地流转、变化;第五,人类的欲望是得陇而望蜀,永远无法餍足;第六,人类的努力经常遭遇障碍,人类为了克服它,必须与之战斗,予以剪除。

在"时"与"时"之中,或是由于"时"而发生的万物的转变,只不过是形式而已,在此形式之下,恒久不灭的"生存的意志"所表示的是,一切的努力都归于空零。"时"以它的力量,使所有的东西在我们的手中化为乌有,万物为此而丧失了真价值。

曾经存在的东西,如今已经不复存在。现在不存在的,恰和曾经不存在的东西一样。然而现在所有的存在,在转瞬间,又成了"曾经"存在。所以,"现存"尽管是如何的稀松平常,也总优于过去的最高价值,因为前者是现实的,两者之间的关系,如同"有"之对于"无"。

我们的一生中虽然做了许多事情,但所拥"有"的,只不过是一瞬间而已,过后,就非以"曾经有过"这句话来表示不可了。午夜思维,我们难免感叹我们的生活一天比一天贫乏,因而心里隐藏一种意识:如果那取之不尽的源泉属于我们所有,我们不就可在其中得到新的生命之"时"?这是蕴藏在我们的本质最深处的意识,如果它不存在的话,我们眼看着我们短暂的生命时间,一刻刻地过去,恐怕会急得发疯吧!

以这观察为基底,的确可以建立如下的论说:只有"现在"才是真实的，其他的一切不过是思想的游戏，所以，人生的目的，人生的最大真理是及时行乐。但这种见解，也是最愚蠢的见解，因为在其次的瞬间就不复存在，如梦幻般完全消失，这样的收获，绝不值得我们费偌大的苦心和劳力去争取。

个人的意志（欲望）又是永不知足的，满足一个愿望，接着又产生更新的愿望，如此衍生不息，永无尽期。这个意志本身以为它是世界的主宰者，万事万物都隶属它的管辖，所以，意志所感满足的，不是"部分"，它非要"全体"不可，而"全体"是无限的——在各个现象的表现中，这个世界的主宰者（指"意志"）又获得了几何？实在少得可怜，大概仅仅能维持个人的肉体存在而已，看到这儿，实不禁令人兴起同情之念。人类的可悲，即缘此而来。

所谓"人体"这个极巧妙错综的机关，最能完全显现"生存意志"的个体，最后也不得不归于一抔黄土，其全存在、全努力，很明显的最后也委之于灭绝之手，这是永远真实、正直的"自然"，以坦白的方法向我们陈述意志的全努力毕竟也是空虚，它也并不果敢。如果"生"的本身中有任何的价值，有绝对性的物质的话，当不会以"无"为目的。

人，经常需要养料，由物质不断地流入和流出来维持我们的生存，由这现象，更可确证："人体对物自体只不过是现象。"人类可比之于炊烟、火焰或者瀑布，如果没有从他处而来的流入，立刻就会衰竭、停止。

我们可以说"生存的意志"的最后终结是"虚无"，而表现在纯粹"现象"之中，同时，此虚无又是停止在"生存意志"的内部，而在"意志"之上放置其基础。但这里还有若干不明之点——

放眼世界，任何时刻、任何地点所目睹的景象，不外是人类面对一切威胁的危险和灾殃，为维护自己的生命和存在，鼓起肉体和精神的全力，而不绝地战斗、猛烈地力争——蜗牛角上争何事？生命和存在到底有何价值？我们若能考虑这些，当可发现脱离痛苦生存的若干空隙。但,这空虚立刻又被无聊和烦恼所袭,为了新的欲求,很快地变得狭隘。

生物愈高等,意志现象愈完全,智力愈发达,烦恼痛苦也就愈显著。如此,欲望、烦恼循序接踵而来,人生没有任何真正价值,只是由"需求"和"迷幻"所支使的活动。这种运动一旦停止,生存的绝对荒芜和空虚便表现了出来。

任谁也不认为自己"现在"是非常的幸福,若做如是之想,那他是完全被它所醺醉了。

(二) 托尔斯泰:生命毫无意义

人生意义是所有作家、艺术家共同喜欢的话题,而从笔者所掌握的资料来看,俄国作家列夫·托尔斯泰是对这一话题最为执着的人。他不满19岁时的日记以至去世前6天口述发出的最后一封信,都在讨论人生的意义,可以说,对这一问题的思考贯穿了他整个生命和所有创作。他思考得好苦,然而没有结论,以至于痛苦得在人生最完美最幸福的时期(身体健康,家庭幸福,名满天下,巨大田产)试图自杀——"我的问题,使我在五十岁的时候要自杀的问题,是从无知的婴儿到大智大慧的老人心里都有的一个最简单的问题。这个问题不解决,便不可能活下去,就像我在实际中体验到的那样。问题是这样的:'我目前所做的、将来要做的一切会产生什么结果,我的全部生命会产生什么结果?'""这个问题换句话表述出来是这样的:'我为什么要活着,为什么要有愿望,为什么要做事?'还可以用另一种方式把问题表述成这样:'我的生命是否具有这样的意义,它并不因为我不可避免要死亡而消失?'"[①]这一问题,让他感到自己就像被一头野兽追逐,只好逃到枯井,而井底有一条龙在等着他,他只好抓住井壁的树枝,而黑(夜)白(天)两只老

---

① 〔俄〕托尔斯泰著:《托尔斯泰忏悔录》,第42页,华文出版社,2003。

鼠在啃噬树枝,这真是绝望极了。绝望中的他对生命有了自己的答案,那就是——毫无意义:"除了我自己提出的答案以外,不可能有别的答案,即,问:'我的生命意义何在?'答:'毫无意义。'或者,问:'我的生命会有什么结果?'答:'毫无结果。'或者,问:'为什么存在着的一切要存在,我又为什么存在?'答:'就是为了存在。'"①

托尔斯泰得出如此绝望的结论是因为他看到,"交替着的白天和黑夜在引我走向死亡。我只看到这一点,因为只有这一点是真实,其余一切都是谎言"。也就是说,托尔斯泰看到人活着时候的一切美好,随着死亡将不复存在,死亡会带走一切,所以生命"毫无意义"。

需要说明的是,"生命毫无意义"的命题是托尔斯泰精神严重危机时提出的。令人敬佩的是,托尔斯泰之所以产生精神危机,就是他对人生意义有着强烈渴求——对人生意义毫不关心的人是绝不可能产生精神危机的。渴求的结果是顽强执着地继续思考、继续探索,探索的结果是他对人生意义终于有了清晰的答案:"人生的意义仅仅在于以建立天国的行动服务尘世。这种行动便是人人承认真理,信仰真理。"②

(三) 毛姆:人生没有道理,人生没有意义

英国作家毛姆(1874～1965)创作的一个明显特点是对人生(包括人生意义)问题的执着思考,代表他早期思考成果的是一部带有明显自传色彩的小说《人生的枷锁》。在这部小说里,作者把自己青少年时期的生活经历,尤其是对生活、对人生的感受和思考,经过艺术加工和改造,放在小说主人公身上,使人物成为作家的影子和代言人。

---

① 〔俄〕托尔斯泰著:《托尔斯泰忏悔录》,第 54 页,华文出版社,2003。
② 〔俄〕托尔斯泰著:《托尔斯泰忏悔录》,第 286 页,华文出版社,2003。

人生意义

　　小说主人公菲利普聪慧、敏感,对身边一切事都善于思考,青少年时期辗转于欧陆和英伦之间,频繁变换人生方向,经历了各种各样的环境,体验了各种各样的人生。这期间,他刻苦读书,潜心研究前人讨论人生的哲学著作,生活中又经历了苦恋与失恋的痛苦折磨以及亲朋好友的悲欢离合,饱尝了人生的酸甜苦辣。无论在哪里,他一如既往苦苦思索人生意义,但始终一无所获。有一天,他从一幅波斯地毯中忽然悟出了人生的意义,不觉扑哧笑出声来。"啊,终于找到了答案。这好比猜谜语,百思不得其解,但一经点破谜底,你简直不能想象自己怎么会一下被这谜语难倒的。"——

　　　　答案最明显不过了:生活毫无意义。地球不过是一颗穿越太空的星星的卫星罢了。在某些条件的作用下,生物便在地球上应运而生,而这些条件正是形成地球这颗行星的一部分。既然在这些条件的作用下,地球开始有了生物,那么,在其他条件的作用下,万物的生命就有个终结。人并不比其他有生命的东西更有意义;人的出现,并非是造物的顶点,而不过是自然对环境做出的反应罢了。……人降生世上,便受苦受难,最后双目一闭,离世而去。生活没有意义,人活着也没有目的。出世还是不出世,活着还是死去,均无关紧要。生命微不足道,而死亡也无足轻重。想到这里,菲利普心头掠过一阵狂喜,正如他童年时当摆脱了笃信上帝的重压后所怀有的那种心情一样。在他看来,生活最后一副重担从肩上卸了下来,他平生第一次感到彻底自由了。①

　　皇皇一部六十多万字(中文译本)的巨著,作者通过人物的经

---

① 〔英〕毛姆著:《人生的枷锁》,第676页,江苏人民出版社,1983。

历探索人生,探索来探索去得到的结论竟然是,生活没有意义,人生没有目的,看起来五彩缤纷热热闹闹,其实一切都和地毯的图案一样,随意编织罢了。这既是青年菲利普的结论,同时也是作者毛姆的结论。

为了更明确清楚地表达自己的"发现",后来毛姆又写了一篇散文,题目就是《人生的意义》。毛姆说,如果我们不相信上帝的存在和精神不灭(这历来被认为是人生意义之所在),那么我们必须确定人生的意义是什么。"如果死亡终止一切,如果我既无死后有福的希望,又不怕祸患,那么我必须问自己,我到这个世界来干什么,既来了,应该如何为人。""这些问题中,有一个问题回答很简单,可是这回答太令人扫兴,大多数人都不愿承认。那就是:人生没有道理,人生没有意义。"

得出这一结论,毛姆用的是终极视角。他说人类只是在一颗小行星上短暂地留居,这颗小行星也只是宇宙中无数星系中的一颗,而行星所在的宇宙最后将达到终极平衡阶段,一切归于静止。而人,在这一情况到来的亿万年以前早已不复存在了。"到那个时候,他是否曾经存在过,可能设想有什么意思吗?他将已成为宇宙史上的一章,有如记述原始时代地球上生存过的奇形巨兽的生活故事的一章,同样地毫无意义。"①毛姆与托尔斯泰的不同在于,毛姆看得更远,他不仅看到人的死后,更看到了地球的毁灭。是啊,地球毁灭了,可设想还有什么东西有意义呢?!

(四)韩某:我不知道人活着的意义②

我不知道人活着的意义,我做了无数的假设,小到小草、蚂蚁,

---

① 〔英〕毛姆著:《毛姆随想录》,第 41~42 页,百花文艺出版社,1992。
② 韩某的博客:人生无意义。http://blog.sina.com.cn/u/2316950967,发布于 2012-05-08。

大到人类,无论我们多渺小、多伟大,都要消失。为了种族繁衍,为了国家兴盛,为了人类繁荣,这些都是浮云,我不知道代代相传下去为了什么。达尔文的物种起源给了我始初,上帝造人给了我悬念,有如此众生探讨生命的价值,道家无为、升仙,佛家的因果,基督教的天堂,都是给人希望,给人活下去的理由。人不能自杀、堕胎,不能犯罪,不能自私,这些说明人生下来是带着使命的,不能随便剥夺,不能以损人利己活着,要造福人类,要服务他人。我不知道,这究竟是专家学者研究的,还是圣人悟到的。

人死后有生命吗?活着的人不知道,死了的人也不能告诉我们。土葬的人尸体随着时间而腐烂直至成为骷髅,难道他的灵魂出窍了?医生称大脑死亡就意味着死亡,唯物主义认为物质决定精神,那既然大脑都没有了,何来灵魂和精神?没有,一切都是虚无。人死了就是没了,把周恩来的骨灰撒向大海,随海水流向四方,是骨灰给国人带来影响还是他生前的思想?无疑是他一生做人的哲学思想让后人学习敬仰。

慧能说:菩提本无树,明镜亦非台。本来无一物,何处惹尘埃。

透过现象看本质,通过骨灰看思想。

既然是思想证明人的存在,那好坏思想就有区分了。秦桧遗臭万年,孔子走向国际,他们都有名气,都被人记住,但不同的是,人们敬仰高尚的、有思想的人,对自私、卑劣的人怒骂。有人问,横竖是死,即使被骂,自己都死了也不知道啊,管他后人前人呢。是啊,我们可以不管自己,但你总归有亲人和朋友吧,他们在这个世上会受你的负面影响啊,为什么蹲监狱的父亲让儿子抬不起头来?且不论死后升天堂还是下地狱,因为无所谓天堂地狱,更不用说人死后在天上看着他的子孙后代,我们不知道他是否看着,但是我受父亲的影响很大。他走了,但他的影响还在,这就是他活着的价值。当然了,他是否被我们怀念,他可能不知道。所以,生死两界的人很难沟通,没有载体。所谓的通灵也是瞎诌、迷信。唯一能说得上话的是梦里相互交流,那也是活人的思想的投射。

我真的无从考证前生来世,也没有证据表明人是否有前世,是否有来生。至于这个世界怎么来如何去,不知道。达尔文只说怎么来的,也预言了如何去。但存在即合理,一切都是虚无。假设世界有一天消失了,又是混沌了,所有的生灵没了,也无所谓思想物质,没关系,既然如此,这就是地球存在的意义,来自哪里又回到哪里。人不能胜天,人只能把握自己。

人类都没意义了,何况我只是人类的一个小分子呢?

(五)黄某某:人生本无意义,看穿才是唯一的意义[①]

风吹大地,过几天免不了迎来台风的洗礼;人生苦短,奈何世人琐碎攀谈的都是些无关紧要的小事。喜爱与讨厌,不过是一念之间;就像感性与理性,也不过是给感觉加了些增塑剂而已。有的人粗俗,有的人含蓄。有的人看似看透人生,事实上也许他只是抑郁压抑;有的人显得阳光活力,或许他不过是掩人耳目罢了。收起心事,伪装着生活,按着文化传播进步到现代社会所固有的模式活着:出生,读书,恋爱,结婚,生子,养子,老去,死亡。

有的人最后发现,人活着都是一种循环。在我看来,换个角度看,人生本来就没有什么意义。

我喜欢黄道带这个人物,当时看大卫·芬奇的《十二宫》时发现他很精彩。他专门以杀人为乐,但并不是随便杀人,他在杀了那些人之后会给报社和政府发邮件,给世人造成心理恐怖。其实他的目的是在警示世人珍惜时间,把握当下。当时看完电影,我感触颇深,可现在想来也有可笑的地方。珍惜时间,真的有必要吗?人生本来就无意义。有哪个人能告诉我在他的一生中没有浪费过时

[①] 黄某某的随笔:人生本来就无意义。豆瓣网,Heart&toucH 的主页,发布于 2012-08-02。

间,又有谁能证明怎样利用时间才算是珍惜呢?

　　人生本来就无意义,尽情浪费才是正确的态度。前几天我曾经思考过是否应该自杀这个问题,现在耳边正回荡着五月天的歌,想起主唱阿信在我这个年纪的时候也曾经怀疑人生,想过自杀。不过现在算是有些明白了。那天和舅舅吃饭聊起生活,他告诉我人生本来就没有意义,起初我还心中略为之不爽,而后转念一想,事实不正恰恰是这样吗?!

　　这是个真实但有点残酷打击到很多有为青年的事实。倒并不是说我是个消极避世的人,很多时候我对一件事的执着程度反而胜于这件事情本身的重要性。我看书,但不写书;我听音乐,但不唱歌;我关心政治,但未曾涉足政治……很多时候,我们从小被父母、老师灌输的人生观、价值观本身就是一种错误。我们看到很多青年为了梦想而努力,当然我并不是讽刺,我只是想说,许多时候,那种为目标的奋斗不过是性格偏执导致的,恰恰最不能说明人生的意义。当你拥有想拥有的一切之后,你的欲望告诉你你并不满足,所以你的意义永远都实现不了。

　　但事实是,没有一个人的人生是有意义的。

　　或许你会觉得这有点偏激,或许你会觉得我简简单单的一句话就否定了那些有为青年辛苦奋斗的历程。但这并不是我的目的,我更想说的是,既然你知道了人生没有意义,那么你就没有必要因为失败和不满足而闷闷不乐,乐观的人生更加能够适应你。

　　可很多人不懂,说得极端一点,几乎没有人会懂这个道理。我也不是文化人,我也不是哲学家。但我曾经思考过正常人和精神病人的区别。很多正常人会为了目的而不择手段,精神病人却仿佛存在于一个太虚仙境中,空空然地面对世界。付出的努力越多,万一没有得到想要的结果,岂不是没有实现自己的价值?这个时候,那些正常人反而比精神病人更加难以承受打击,为什么?因为看不开。这样的正常人和精神病人又有什么区别呢?

中国古代有个疯癫和尚叫济公,济世救人却吃喝嫖赌样样精通。人活着图个什么?人生本来就没有意义,很多人嘲笑济公的不懂礼貌,不拘常规。事实上这恰恰印证了一句话:别人笑我太疯癫,我笑世人看不穿。

再回到现实中来,今年是个多事之秋,奥运会,北京大雨,启东王子造纸厂……网上充斥着各式各样的评论与评价,为什么?因为每个人都有自己的价值取向,每个人都觉得人生应该按照他心中的既定模式演化。可事实上,我们看现实,我们看世界,我们探讨,我们辩论,我们指东道西,我们指点江山,又有什么区别呢?挥斥方遒,到最后还不一定是为了自己。

我突然想起了《死亡诗社》中的一句话——carpe diem,及时行乐。看到"行乐",相信很多人又要想歪了。

人生本来就无意义,如果说什么有意义,看开才是最大的意义。别人笑我太疯癫,我笑世人看不穿。看穿才是唯一的意义。

B. 有意义论

(一)儒家:修身齐家治国平天下

《左传·襄公二十四年》所记范宣子与叔孙豹关于什么是"不朽"的讨论,历来为儒家所赞赏,体现了儒家的人生观和价值观,体现了儒家关于人生意义的理解。原文如下:

> 二十四年春,穆叔(即鲁国执政叔孙豹)如晋。范宣子逆之,问焉,曰:"古人有言曰'死而不朽',何谓也?"穆叔未对。宣子曰:"昔匄之祖,自虞以上为陶唐氏,在夏为御龙氏,在商为豕韦氏,在周为唐杜氏,晋主夏盟为范氏,其是之谓乎?"穆叔曰:"以豹所闻,此之谓世禄,非不朽也。鲁有先大夫曰臧文

仲,既没,其言立,其是之谓乎!豹闻之,'大上有立德,其次有立功,其次有立言',虽久不废,此之谓三不朽。若夫保姓受氏,以守宗祊,世不绝祀,无国无之,禄之大者,不可谓不朽。"

——《左传·襄公二十四年》

释义:《左传·襄公二十四年》载,春秋时鲁国的叔孙豹与晋国的范宣子曾就何为"死而不朽"展开讨论。范宣子认为,他的祖先从虞、夏、商、周以来世代为贵族,家世显赫,香火不绝,这就是"不朽"。叔孙豹则以为不然,他认为这只能叫作"世禄"而非"不朽"。在他看来,真正的不朽应该是:"大上有立德,其次有立功,其次有立言,虽久不废,此之谓三不朽。"言及"立言"的不朽,叔孙豹特以鲁卿臧文仲为例,说:"鲁有先大夫曰臧文仲,既没,其言立,其是之谓乎!《国语·晋语八》对此亦有记载:"鲁先大夫臧文仲,其身殁矣,其言立于后世,此之谓死而不朽。"

被叔孙豹赞为因"立言"而不朽的臧文仲,系春秋时鲁国大夫,屡建事功,且长于辞令,就为政立国之事多有高论,在诸侯国间广为流传。叔孙豹所谓的"立言"是与"立德""立功"紧密相连的,并非仅以立言为职志。

为实现"内圣外王"的境界而倡导的"三纲八目",也体现了儒家的人生价值观。

三纲:

《礼记·大学》开宗明义指出:大学之道,在明明德,在亲民,在止于至善。

释义:按照朱熹注释,大学即"大人之学"。明明德:前一个"明"作动词,有使动的意味,即"使彰明",也就是发扬、弘扬的意思。后一个"明"作形容词,明德也就是光明正大的品德,儒家一般指天理,即封建伦理纲常。明明德,即领会、把握仁义礼智等伦理之类的天理。亲民,程朱理学将"亲"理解为新,"新者,革其旧之谓也。言既自明其明德,又当推己及人,使之亦有以去其旧染之污也"。止于至善,也就是要修身养性,达到把握仁义礼智等纲常名教的境界。朱熹说:"此三者,大学之纲领也。"

八目:

> 古之欲明明德于天下者,先治其国;欲治其国者,先齐其家;欲齐其家者,先修其身;欲修其身者,先正其心;欲正其心者,先诚其意;欲诚其意者,先致其知,致知在格物。物格而后知至,知至而后意诚,意诚而后心正,心正而后身修,身修而后家齐,家齐而后国治,国治而后天下平。
>
> ——《礼记·大学》

释义:古代那些想在天下弘扬光明正大品德的人,先要治理好自己的国家;要想治理好自己的国家,先要管理好自己的家庭和家族;要想管理好自己的家庭和家族,先要修养自身的品性;要想修养自身的品性,先要端正自己的思想;要想端正自己的思想,先要使自己的意念真诚;要想使自己的意念真诚,先要使自己获得知识,获得知识的途径在于认知研究万事万物。通过对万事万物的认识研究,才能获得知识;获得知识后,意念才能真诚;意念真诚后,心思才能端正;心思端正后,才能修养品性;品性修养后,才能管理好家庭家族;家庭家族管理好了,才能治理好国家;治理好国家后,天下才能太平。

附注:"平天下"里面的"平"并不是平定的意思。《礼记·乐记》中说:"修身及家,平均天下,此古乐之发也。"说明,修身齐家平天下中的"平"是指天下平均,表示的是公平、公正、秩序的意思,不是简单的平定,而是平均或者均平的意思。

(二) 道家:保持赤子之心,不为世俗所累

> 唯之与阿,相去几何?美之与恶,相去若何?人之所畏,不可不畏。荒兮,其未央哉!众人熙熙,如享太牢,如春登台。我独泊兮,其未兆;沌沌兮,如婴儿之未孩;儽儽兮,若无所归。众人皆有余,而我独若遗。我愚人之心也哉!俗人昭昭,我独昏昏;俗人察察,我独闷闷。澹兮其若海,飂兮若无止。众人皆有以,而我独顽且鄙。我独异于人,而贵食母。
>
> ——《老子·二十章》

译文:应诺和呵声,相差好多?所谓美好和丑恶,相差好多?人们所畏惧的,也不必去触犯。精神领域开阔啊,好像没有尽头的样子!众人都兴高采烈,好像参加丰盛的筵席,又像春天登台眺望景色。而我独自淡泊宁静啊,不炫耀自己;混混沌沌啊,好像不知嬉笑的婴儿;闲闲散散啊,好像无家可归。众人都有多余,唯独我好像不足的样子。我真是"愚人"的心肠啊!世人都光耀自炫,唯独我昏昏昧昧的样子;世人都精明灵巧,唯独我无所识别的样子。众人都好像很有作为,唯独我愚昧而笨拙。我和世人不同,而重视进"道"的生活。①

> 知其雄,守其雌,为天下溪。为天下溪,常德不离,复归于婴儿。
>
> ——《老子·二十八章》

译文:深知雄强,却安于雌柔,作为天下的溪涧。作为天下的

---

① 译文录自陈鼓应著:《老子注译及评介》,第146页,中华书局,1983。

溪涧,常"德"就不会离失,而回复到婴儿的状态。①

　　含"德"之厚,比于赤子。

——《老子·五十五章》

　　译文:含"德"深厚的人,比得上初生的婴儿。②

　　故夫知效一官,行比一乡,德合一君,而征一国者,其自视也,亦若此矣。而宋荣子犹然笑之。且举世誉之而不加劝,举世非之而不加沮,定乎内外之分,辩乎荣辱之境,斯已矣。彼其于世,未数数然也。虽然,犹有未树也。夫列子御风而行,泠然善也,旬有五日而后反。彼于致福者,未数数然也。此虽免乎行,犹有所待者也。若夫乘天地之正,而御六气之辩,以游无穷者,彼且恶乎待哉?故曰:至人无己,神人无功,圣人无名。

——《逍遥游》

　　译文:所以,那些才智可以胜任一官之职,行为可以顺应一乡群众,道德合乎一国之君的要求,才能可以取信一国之人的人,他们自己很得意,其实如同斥鷃一样(所见甚小)。而宋荣子嗤笑这四种人。而且世人都赞誉他,他却并不会因此而更加奋勉,世人都非难他,他也不会因此而更加沮丧。他清楚自身与物的区别,辨明荣誉与耻辱的界限,如此而已。他在世间,没有追求什么。即使如此,他还是未能达到最高的境界。列子能驾风行走,那样子实在轻盈美好,而且十五天后才返回。列子对于寻求幸福,没有拼命追

---

① 译文录自陈鼓应著:《老子注译及评介》,第181页,中华书局,1983。
② 译文录自陈鼓应著:《老子注译及评介》,第279页,中华书局,1983。

求。他这样虽然免于步行,但还是有所依靠。如果能够顺应天地万物之性,而驾驭六气的变化,遨游于无穷无尽的境域,那又需要凭借什么呢?因此说,道德修养高尚的"至人"能够达到忘我的境界,精神世界完全超脱物外的"神人"心目中没有功名和事业,思想修养臻于完美的"圣人"从不去追求名誉和地位。

评析:《逍遥游》描述了一种透脱的心境——一种优游自在、倘佯自适的心境。本篇描绘了一个自由飞翔的开放心灵,呈现出一种博大无碍而与物冥合的精神境界。

人生在世,一方面渴望自由,另一方面却造出无数法规条文束缚自己,内在的种种情念嗜欲团团牵制自己,且宗派区域的成见横亘于胸中而重重套落在人际关系间。世人常汨没于嗜欲圈里而不得超拔,涉身于名位场中而不得自由,庄子则扬弃一向为大众所追求的功名、利禄、权势、尊位等世俗价值,摒弃以往立功、立德、立言的价值表。《逍遥游》可以说是一篇价值转换或价值重估之作。

《逍遥游》提供了一个心灵世界——一个广阔无边的心灵世界,提供了一个精神空间——一个辽阔无比的精神空间。人,可以在现实存在上,开拓一个修养境界,开出一个精神生活领域,在这一领域中,打通内在重重的隔阂,突破现实种种的限制,使精神由大解放而得到大自由。

庄子借《逍遥游》表达了一种独特的人生态度,树立了一种新颖的价值位准,人的活动从自我中心的局限性中超拔出来,从宇宙的巨视中去把握人的存在,从宇宙的规模中去展现人生的意义。[①]

---

① 评析选自陈鼓应著:《老庄新论》,第123页,上海古籍出版社,1992。

（三）佛教：慈悲为怀，普度众生

1.《大智度论》强调大慈大悲是大乘佛教的最根本伦理原则

> 慈悲是佛道之根本。所以者何？菩萨见众生老病死苦、身苦、心苦、今世后世苦等诸苦所恼，生大慈悲，救如是苦，然后发心求阿耨多罗三藐三菩提。亦以大慈悲力故，于无量阿僧祇世生死中，心不厌没。以大慈悲力故，久应得涅槃而不取证。以是故，一切诸佛法中慈悲为大。若无大慈大悲，便早入涅槃。①

注释：① 阿耨多罗三藐三菩提，即无上觉悟。② 阿僧祇，即极其漫长难以计数的时间。

评析：上面这段话是说，慈悲是佛道的根本，是佛法中最重要的原则。菩萨之所以是菩萨，就是为了实践慈悲原则，以普度众生为己任。

慈悲，按照佛教通常的解说，慈是慈爱众生并给予快乐，悲是悲悯众生并拔除其痛苦，二者合称为慈悲。慈悲就是"与乐拔苦"。但也有把"慈"解作拔苦，"悲"解作与乐的说法。二者在本质上并没有什么区别。慈悲实际上就是怜悯，就是同情，就是爱，就是爱的纯粹化。佛教认为，慈悲是由自爱出发最后归结为纯粹的爱。人都有自爱，进而有性爱、情爱、渴爱。由于对众生的强烈的渴爱，而产生怜悯之心，不仅能感受自己的痛苦，也能感受他人的痛苦，由此能够以亲切的友爱关怀众生。佛教伦理的慈悲原则是奠立在缘起说和无我说之上的。按照缘起说，没有任何事物可以离开因

---

① 《大正藏》第25卷，第256页。转引自方立天著：《中国佛教哲学要义》下卷，第872页，中国人民大学出版社，2002。

缘而独立存在,同样,每个人都与其他众生息息相关。从三世因果关系来看,其他众生的某某在过去世可能就是自己的父母等亲人。这种人与人的密切相关性就是慈悲的出发点。又据缘起说引出的无我说,认为人并无具有实体的"我"存在,由此也就产生自、他一体的观念,进而也就自然生起"同体大悲"心了。①

2.《大乘起信论》指出佛教奉菩萨为理想人格的化身,以救度一切众生为最高愿望

> 众生如是,甚为可悯。作此思维,即应勇猛立大誓愿,愿令我心离分别故,遍于十方修行一切诸善功德。尽其未来,以无量方便救拔一切苦恼众生,令得涅槃第一义乐。②

评析:中国佛教极度推崇慈悲精神,唐代释道世在《法苑珠林》中说:"菩萨兴行救济为先,诸佛出世大悲为本。"中国佛教奉菩萨为理想人格的化身,以救度一切众生为最高愿望,正如《大乘起信论》所说:"众生如是,甚为可悯。作此思维,即应勇猛立大誓愿,愿令我心离分别故,遍于十方修行一切诸善功德。尽其未来,以无量方便救拔一切苦恼众生,令得涅槃第一义乐。"中国佛教视慈悲为最主要的伦理原则,热心于尊奉以慈悲救济众生为本愿的观世音菩萨,并形成了以观世音菩萨为宗奉对象的佛教信仰。中国佛教的观世音信仰,不论在广度和深度上,都超过了对佛教创始者释迦牟尼佛的信仰。这一现象既反映了中国人民苦难的深重,同时也

---

① "评析"见方立天著:《中国佛教哲学要义》下卷,第871~872页,中国人民大学出版社,2002。

② 《大正藏》第32卷,第582页。转引自方立天著:《中国佛教哲学要义》下卷,第873页,中国人民大学出版社,2002。

反映了中国人民对慈悲精神的向往与渴望。①

（四）基督教：做上帝拯救之爱的中介②

按照神学的观点，现代世界所面临的中心问题仍然是罪的问题，仍然是人类用自我意志以及这种意志所产生的一切行动去反抗上帝目的问题。如果我们把现代世界所面临的中心问题归结为缺乏爱，那么，一般人就了解得更清楚。当今世界的许多地方都变成了残酷厮杀的场所，破坏性的杀人武器使我们生存的世界变得更加野蛮。现在的问题就在于，怎样使所有相互敌对的个人和国家回到家庭状态，使世界变成一个大家庭。这就需要改变人。只改变环境而不改变人，决不能解决当今世界所面临的问题。

基督表达得很清楚，要把人类从缺乏爱的残酷无情中拯救出来，只有依靠上帝的力量才能完成。如果没有上帝对我们的行为进行干预，我们就没有力量去爱。基督的福音描绘了上帝通过基督所进行的救赎行动。在所有基督徒的经验中，有一种使他们感到幸福的经验，这种经验来自上帝的伟大救赎，并且经常在《新约》中表现出来，就像插入了音乐一样悦耳动听。"依靠着爱我们的基督，他用他的血把我们从我们自己的罪中拯救出来。多么神奇啊，我们永远不能理解。"甚至在一个生活的善的基础遭到威胁，要被毁灭的世界上，上帝通过基督进行的这种拯救仍然充溢于早期基督徒的心中，使他们感到一种压抑不住的幸福和希望。

不过，上帝的救赎行动必须找到一个渠道，上帝的爱绝不是一种随便给予的礼物。我们总是通过他人的人格感受到上帝的爱，

---

① "评析"见方立天著：《中国佛教哲学要义》下卷，第872～873页，中国人民大学出版社，2002。

② 詹姆士·里德著：《基督的人生观》，第189～194页，北京三联书店，1989。

总是在心灵被上帝之爱点燃并热烈地为上帝的目的服务的那些人爱上感受到上帝的爱。因此,基督教的根本任务就是去做上帝拯救之爱的中介,就是使基督教成为把上帝之爱导入这个世界的中介。我们通过《新约》记载的故事知道,上帝通过基督展示了他最后的孤注一掷的爱,这种爱在某种程度上使上述任务得以完成。基督告诉第一批使徒,他们将通过在他身上亲眼所见、亲身感受来证明他的生、死与复活。使徒们相互交流他们的感受,福音书记载了他们所讲的故事。正如《使徒行传》所描述的那样,通过他们四处讲述关于基督的故事,上帝之爱进入了异教世界。按照传教士这个词的含义,我们所有的人不会都成为传教士,但是,当我们感受到上帝之爱时,我们所有的人都会成为上帝之爱的证人,都能够证明上帝为了我们展现出来的真理。在《新约》写成一百年后,历史上没有记载出现过杰出的传教士。然而,基督教还是通过普通百姓得到了传播,他们向他们生活范围内的朋友和熟人讲述着基督之爱的故事。一批一批信仰基督的人组成了一种基层组织,很像现代的社团组织,这些基层组织传播着新的消息。当代教会的软弱与世界的残酷无情都是由于缺乏基督徒身上这种传播信仰的激情。

另外,福音也必须通过它所产生出来的生活的性质得到传播,这种生活的性质就是爱的性质。正如圣保罗告诉我们的那样,如果没有爱,所有的话都是无用的。只有通过我们自己的行动传达并释放出上帝的爱,上帝才能在这个世界上成为一种生动的存在。对这个世界因缺乏爱而带来的残酷无情,基督教进行了攻击,它的方式就是在人们之间建立起一种积极的友谊。这就是基督的方式,是他具有唤醒人们信仰、消除人们仇恨的力量的秘密。今天的世界充满着把人们分离开来的障碍,缺乏爱或者说残酷无情在这种障碍后面发挥着作用,是这种障碍的基础。敌视、偏见、恐惧、国家主义、民族传统,所有这些都导致了人与人之间的对立与各式各样的冲突。这种对立与冲突无论在范围上还是在程度上都与个人间的细小纠纷与不和不同,它们会酿成国家之间的战争,会带来严重的灾难。怎样才能克服掉这些残酷无情,消除这种缺乏爱的状态呢?

人们提供了各种方法来解决这一问题,每一个人都认为自己的方法是最好的方法,长期以来一直争论不休。基督提供的方法同其他方法比起来是比较简单的,例如,在教会的同道关系中,某人伤害了你,正确的方法就是走到他——你的兄弟——面前,真诚坦率地把你藏在心中的话说出来,如果他不听,他就给你们的同道关系造成了障碍。不过,真诚的光往往会照亮他人狭隘的心胸,解除毒害人们心灵的毒药。当我们把我们受到伤害的惨痛的心敞开给伤害我们的人看时,他们的愤怒常常会像燃烧的火一样渐渐熄灭下去。基督还说了一句非常奇怪的话,一直到我们意识到这句话要求的是什么时,我们才能真正地读懂它。如果这位伤害了他人的兄弟不愿听取公正的批评,"你就把他看作一个不信教的人或者税吏",这指的是把他看作一个异教徒或者被人们唾弃的人。那么,基督是怎样教导我们去对待异教徒的呢?

这一问题促使我们去寻求一种在残酷无情的世界上最具有基督教特征的解决问题的方法,在这种方法中,克服残酷无情的爱的力量会发现它的秘密。这种方法就是宽恕。因为把人们分离开来的大量的敌对行动——残酷无情深深植根于这种敌对行动中——都是由于人们过去所犯、现在一直在犯的错误。有这样一种情况,人们不知不觉地在怨恨的感情与偏见中相互疏远,这种情况人们除了用气质不同或阶级感情不同来解释外,再也找不到其他理由来说明人们相互疏远的原因。我们知道,人们敌对的行为经常植根于某种妒忌或仇恨。这种情况不仅在个人身上会有,在民族与国家身上也会有。在这种特定的情况下,积极的友谊就必须采取宽恕的形式。这样,爱的力量就达到了它的最高限度,做出了它的最大努力。通常关于宽恕的观念需要做大量的说明,宽恕不是指原谅已经承认了的错误,更不是指不去惩罚我们所怨恨的人,宽恕是指积极行善的精神。"我对你们说,要爱你们的敌人,要为诅咒你们的人祝福,要为恶毒地支配你们的人祈祷"。换句话说,基督要求我们对伤害我们的人仍然要保持积极友爱的精神,即我们应通过唤醒我们为善的精神,努力去恢复我们与他人的友谊,努力去消除我们与他人的不和,努力去克服我们与他人的对立。

这显然比仅仅是宽恕错误要深刻得多。基督对仅仅是宽恕错误不感兴趣,基督感兴趣的是怎样去改变犯了错误的人。基督有时也关心人们所犯的错误,但这只是因为在犯了错误的人身上表现出了一种错误精神,心中出现了一种障碍,从而使人们相互疏远,彼此怨恨。

(五)陈独秀:创造幸福并惠及社会、他人[①]

作者简介:陈独秀(1879~1942),字仲甫。安徽怀宁(今属安庆市)人。新文化运动的倡导者之一,中国共产党的创始人和早期的主要领导人之一。1915年9月15日,创办《青年杂志》,举起民主与科学的旗帜。曾当选为中央局书记,中共第二、第三届中央执行委员会委员长,第四、第五届中央委员会总书记等。主要著作收入《独秀文存》《陈独秀文章选编》等。下文节选自其《人生意义》。

人生在世,究竟为的什么?究竟应该怎样?这两句话实在难回答得很,我们若是不能回答这两句话,糊糊涂涂过了一生,岂不是太无意识吗?自古以来,说明这个道理的人也算不少,大概有数种:第一是宗教家,像佛教家说:世界本来是个幻象,人生本来无生;"真如"本性为"无明"所迷,才出现一切生灭幻象;一旦"无明"

---

① 邓九平主编:《谈人生》(上),第28~30页,大众文艺出版社,2000。

灭,一切生灭幻象都没有了,还有什么世界,还有什么人生呢?又像耶稣教说:人类本是上帝用土造成的,死后仍旧变为泥土;那生在世上信从上帝的,灵魂升天;不信上帝的,便魂归地狱,永无超生的希望。第二是哲学家,像孔、孟一流人物,专以正心、修身、齐家、治国、平天下,做一大道德家、大政治家为人生最大的目的。又像那老、庄的意见,以为万事万物都应当顺应自然;人生知足,便可常乐,万万不可强求。又像那墨翟主张牺牲自己,利益他人为人生义务。又像那杨、朱主张尊重自己的意志,不必对他人讲什么道德。又像那德国人尼采也是主张尊重个人的意志,发挥个人的天才,成为一个大艺术家、大事业家,做个寻常人以上的"超人",才算是人生目的;什么仁义道德,都是骗人的说话。第三是科学家。科学家说人类也是自然界的一种物质,没有什么灵魂;生存的时候,一切苦乐善恶,都为物质界自然法则所支配;死后物质分散,另变一种作用,没有连续的记忆和知觉。

这些人所说的道理,各个不同。人生在世,究竟为的什么,应该怎样呢?我想佛教家所说的话,未免太迂阔。个人的生灭,虽然是幻象,世界人生之全体,能说不是真实存在吗?人生"真如"性中,何以忽然有"无明"呢?既然有了"无明",众生的"无明",何以忽然能都灭尽呢?"无明"既然不灭,一切生灭现象,何以能免呢?一切生灭现象既不能免,吾人人生在世,便要想想究竟为的什么,应该怎样才是。耶教所说,更是凭空捏造,不能证实的了。上帝能造人类,上帝是何物所造?上帝有无,既不能证实;那耶教的人生观,便完全不足相信了。孔、孟所说的正心、修身、齐家、治国、平天下,只算是人生的一种行为和事业,不能包括人生全体的真义。吾人若是专门牺牲自己,利益他人,乃是为他人而生,不是为自己而生,绝非个人生存的根本理由;墨子思想,也未免太偏了。杨朱和尼采的主张,虽然说破了人生的真相,但照此极端做去,这组织复杂的文明社会,又如何行得过去呢?人生一世,安命知足,事事听其自然，不去强求，自然是快活得很。但是这种快活的幸福，高等动物反不如平等动物，文明社会反不如野蛮社会；我们中国人受了老、庄的教训，所以退化到这等地步。科学家说人死没有灵魂，生时一切苦乐善恶，都为物质界自然法则所支配，这几句话倒难以驳他。但是我们个人是必死的，全民族是不容易死的，全人类更是不容易死的了。全民族全人类所创的文明事业，留在世界上，写在历史上，传到后代，这不就是我们死后连续的记忆和知觉吗？

照这样看起来，现代人所见的人生真义，可以明白了。今略举如下：

△人生在世，个人是生灭无常的，社会是真实存在的。

△社会的文明幸福，是个人造成的，也是个人应该享受的。

△社会是个人集成的，除去个人，便没有社会；所以个人的意志和快乐，是应该尊重的。

△社会是个人的总寿命，社会解散，个人死后便没有连续的记忆和知觉；所以社会的组织和秩序，是应该尊重的。

△执行意志，满足欲望（自食色以至道德的名誉，都是欲望），是个人生存的理由，始终不变的（此处可以说"天不变，道亦不变"）。

△一切宗教、法律、道德、政治，不过是维持社会不得已的方法，非个人所以乐生的原意，可以随着时势变更的。

△人生幸福，是人生自身出力造成的，非上帝所赐，也不是听其自然所能成就的。若是上帝所赐，何以厚于今人而薄于古人？若是听其自然所能成就，何以世界各民族的幸福不能够一样呢？

△个人之在社会，好像细胞之在人身，生灭无常，新陈代谢，本是理所当然，丝毫不足恐怖。

△要享幸福，莫怕痛苦。现在个人的痛苦，有时可以造成未来个人的幸福。譬如有主义的战争所流的血，往往洗去人类或民族的污点。极大的瘟疫，往往促成科学的发达。

总而言之,人生在世,究竟为什么?究竟应该怎样?我敢说,个人生存的时候,当努力造成幸福,享受幸福;并且留在社会上,后来的个人也能够享受。递相授受,以至无穷。

(六)胡适:生命意义是自己创造的[①]

作者简介:胡适(1891~1962),汉族,安徽绩溪人。原名嗣穈,学名洪骍,字希疆,后改名胡适,字适之,笔名天风、藏晖等。其中,"适"与"适之"之名与字,乃取自当时盛行的达尔文学说"物竞天择适者生存"的典故。现代著名学者、诗人、历史家、文学家、哲学家,因提倡文学革命而成为新文化运动的领袖之一。下文节选自胡适的《人生大策略》中的引言《人生有何意义》。

一、答某君书

我细读来书,终觉得你不免作茧自缚。你自己去寻出一个本不成问题的问题:"人生有何意义?"其实这个问题是容易解答的。人生的意义全是各人自己寻出来、造出来的:高尚、卑劣、清贵、污浊、有用、无用,全靠自己的作为。生命本身不过是一件生物学的事实,有什么意义可说?一个人与一只猫、一只狗,有什么分别?人生的意义不在于何以有生,而在于自己怎样生活。你若情愿把这六尺之躯葬送在白昼做梦之上,那就是你这一生的意义。你若发愤振作起来,决心去寻求生命的意义,去创造自己的生命的意义,那么,你活一日便有一日的意义,做一事便添一事的意义,生命无穷,生命的意义也无穷了。

总之,生命本没有意义,你要能给他什么意义,他就有什么意义。与其终日冥想人生有何意义,不如试用此生做点有意义的事。

---

① 胡适著:《人生大策略》,第1~2页,湖南文艺出版社,1989。

二、为人写扇子的话

　　　　知世如梦无所求,无所求心普空寂。

　　　　还似梦中随梦境,成就河沙梦功德。

王荆公小诗一首,真是有得于佛法的话。认得人生如梦,故无所求。但无所求不是无为。人生固然不过一梦,但一生只有这一场做梦的机会,岂可不努力做一个轰轰烈烈像个样子的梦?岂可糊糊涂涂懵懵懂懂混过这几十年吗?

(七) 梁漱溟:用心思去创造[①]

作者简介:梁漱溟(1893~1988),著名思想家、哲学家、教育家、社会活动家、爱国民主人士、著名学者、国学大师,主要研究人生问题和社会问题,现代新儒家的早期代表人物之一,有"中国最后一位大儒家"之称。梁漱溟受泰州学派的影响,在中国发起过乡村建设运动,并取得可以借鉴的经验。著有《乡村建设理论》《人心与人生》等。下文节选自其《人生的意义》。

一

人们常常爱问:人生有没有目的?有没有意义?不知同学们对于这一类的问题想过没有。如果想过,其答案为何?要是大家曾用过一番心思,我来讲这问题就比较容易了,你们就可以比较容易地了解我的话。

我以为人生不好说目的,因为目的是后来才有的事。我们先要晓得什么叫作目的,比如,我们这次来兴安,是想看灵渠,如果我们到了兴安,而没有看到灵渠,那便可以说没有达到目的。要是目的的意思是如此的话,人生便无目的,乘车来兴安是手段,看灵渠

---

① 邓九平主编:《谈人生》(上),第127~130页,大众文艺出版社,2000。

是目的,如此目的、手段分别开来,是人生行事所恒有。但一事虽可以如此说,而整个人生则不能如此说。

整个宇宙是逐渐发展起来的。天、地、山、水,各种生物,形形色色慢慢展开,最后才有人类,有我。人之有生,正如万物一样是自然而生的。天雨,水流,莺飞,草长,都顺其自然,并无目的。我未曾知道,而已经有了我。此时再追问"人生果为何来?"或"我为何来?"已是晚了。倘经过一番思考,决定一个目的,亦算不得了。

以上是讲人生不好说有目的,是第一段。

二

人生虽不好说有目的,但未尝不可说人生有其意义。人生意义在哪里?人生的意义在创造!

人生的意义在创造,是于人在万物中比较出来的。

宇宙是一大生命,从古到今不断创造,花样翻新造成千奇百样的大世界。这是从生物进化史到人类文化史一直演下来没有停的。但到现在代表宇宙大生命表现其创造精神的却只有人类,其余动植物界已经成了刻板的文章,不能前进。例如,稻谷一年一熟或两熟,生出来,熟落去,年年如是,代代如是。又如鸟雀,老鸟生小鸟,小鸟的生活还和老鸟一般无二,不像是创造的文章,而像是刻板的文章了。亦正和推磨的牛马一天到晚行走不息,但转来转去,终归是原来的地方,没有前进。

到今天还能代表宇宙大生命,不断创造、花样翻新的是人类。人类的创造表现在其生活上、文化上不断进步。文化是人工的、人造的,不是自然的、本来的。

总之,是人运用他的心思来改造自然供其应用。而人群之间的关系组织亦随有迁进。前一代传于后一代,后一代却每有新发明,不必照旧。前后积累,遂有今天政治经济文化制度之盛,今后还有我们不及见不及知的新文化、新生活。

以此我们说人生意义在创造,宇宙大生命创造无已的趋势在动植物方面业已不见,现在全靠人类文化来表现了,是第二段。

三

人类为何能创造,其他的生物为何不能创造?那就是因为人类会用心思,而其他一切生物大都不会用心思。人生的意义就在他会用心思去创造;要是人类不用心思,便辜负了人生;不创造,便枉生了一世,所以我们要时时提醒自己,要用心思、要创造。

什么是创造,什么是非创造,其间并无严整的界限。科学家一个新发明固然是创造,文学家一篇新作品固然是创造,其实一个小学生用心学习手工或造句作文,亦莫非创造。极而言之,人的一举一动一颦一笑亦莫不可有创造在内。不过创造有大有小,其价值有高有低。有的人富于创造性,有的则否,譬如灵渠是用了一番大心思的结果,但小而言之,其间一念之动一手之劳亦都是创造。是不是创造,要看是否用了心思;用了心思,便是创造。

四

创造有两方面,一是表现在外面的,如灵渠便是一种很显著的创造。他如写字作画、政治事功,种种也是同样的创造。这方面的创造,我们可借用古人的话来名之为"成物"。还有一种是外面不大容易看出来的,在一个人生命上的创造。比如一个人的明白通达或一个人的德行,其创造不表现在外面事物,而在本身生命。这一面的创造,我们也可以用古人的话来名之为"成己"。换言之,有的人是在外成就的多,有的人在内成就的多,在内的成就如通达、灵巧、正大、光明、勇敢,说之不尽。但细讲起来,成物者,同时成己。例如,一本学术著作是成物,学问家的自身的智力学问即是成己;政治家的功业是成物,政治家的自身本领人格又是成己了。反之,成己者同时亦成物。例如,一德行涵养好的人是成己,而其待人接物行事亦莫非成物;又一开明通达的人是成己,而其一句话说出来,无不明白透亮,正是成物了。

五

以下我们将结束这个讲演,顺带指出我们今日应当努力创造的方向。

首先要知道,我们生在一个什么时代。我们实生在一个特殊的时代,一个大变动的时代,就整个人类来说,是处在一个人类历史空前大转变的时代,也可以说是文化需要大改造的时代,而就中国一国来说,几千年的老文化,传到近百年来,因为西洋文化入侵,正叫我们几千年的老文化不得不改造。我们不能像其他时代的人那样,可以不用心思。因为我们这个时代,亟待改造;因为要改造,所以非用心思不可,也可以说非用心思去创造不可。我们要用心思替民族并替人类开出一个前途,创造一个新的文化。这一伟大的创造,是联合全国人共同来创造,不是个人的小创造、小表现,乃是要联合全世界人共同来创造新世界。不是各自求一国的富强而止的那回旧事。

我们生在今日,谁都推脱不了这责任。你们年轻的同学,责任更多。你们眼前的求学重在成己,末后却要重在成物。眼前不忙着有表现,却必要立志为民族为世界解决大问题,开辟新文化。这样方是合于宇宙大生命的创造精神,而实践了人生的意义。

(八) 杨绛:修炼自己,完善自身[①]

作者简介:杨绛,生于1911年,江苏无锡人,当代女散文家、翻译家。1932年东吴大学毕业后,入清华大学读外国语文研究生,后留学英、法,1939年开始文学创作。1953年起任中国科学院外国文学研究所研究员,中国作家协会会员。新时期以来散文创作引人瞩目,代表作有《干校六记》等,96岁出版人生思考录《走到人

---

① 杨绛著:《走到人生边上——自问自答》,第94~96页,商务印书馆,2007。

人生意义

生边上——自问自答》,下文选自该书。

人生一世,为的是什么?

按基督教的说法,人生一世是考验。人死了,好的灵魂升天。不好不坏又好又坏的人,灵魂受到了该当的惩罚,或得到充分净化之后,如经过炼狱里的烧炼,也能升天。大凶大恶、十恶不赦的下地狱,永远在地狱里烧。我认为这种考验不公平。人生在世,遭遇不同,天赋不同。有人生在富裕的家里,又天生性情和顺,生活幸运,做一个好人很现成。若处境贫困,生性顽劣,生活艰苦,堕落比较容易。若说考验,就该像入学考试一样,同等的学历,同样的题目,这才公平合理。

佛家轮回之说,说来也有道理。考验一次不够,再来一次。但因果之说,也使我困惑。因因果果,第一个因是什么呢?人生一世,难免不受人之恩,或有惠于人,又造成新的因果,报来报去,没完没了。而且没良心的人,受惠于人,只说是前生欠我。轻率的人,想做坏事,只说反正来生受罚,且图眼前便宜。至于上刀山、下油锅等酷刑,都是难为肉体的。当然,各种宗教的各种说法,我都不甚理解。不过,我尊重一切宗教。但宗教讲的是来世,我只是愚昧而又渺小的人,不能探索来世的事。我只求知道,人在这个世界上,生活了一辈子,能有什么价值。

天地生人,人为万物之灵。神明的大自然,着重的该是人,不是物;不是人类创造的文明,而是创造人类文明的人。只有人类懂得修炼自己,要求自身完善。这也该是人生的目的吧!

坚信"人死了,什么都没有了"的聪明朋友们,他们所谓"什么都没有了",无非断言人死之后,灵魂也没有了。至于人生的价值,他们倒并未否定。不是说"留下些声名"吗?这就是说,能留下的是身后之名。但名与实是不相符的,"一将功成万骨枯"。战争中奉献生命的"无名英雄"更受世人的崇敬与爱戴,我国首都天安门广场上,正中不是有"人民英雄纪念碑"吗?欧洲许多国家,总把纪念"无名英雄"的永不熄灭的圣火,设在大教堂的大门正中,瞻仰者都深怀感念,驻足致敬。我们人世间得到功勋的人,都赖有无数默默无闻的人,为他们做出贡献。默默无闻的老百姓,他们活了一辈子,就毫无价值吗?从个人的角度看,他们自己没有任何收获,但是从人类社会集体的角度看,他们的功绩是历代累积的经验和智慧。人类的文明是社会集体共同造成的。况且身后之名,又有什么价值呢?声名显赫的人,死后没多久,就被人淡忘了。淡忘倒也罢了,被不相识、不相知的人说长道短,甚至戏说、恶搞,没完没了,死而有知,必定不会舒服。声名,活着也许对自己有用,死后只能被人利用了。

聪明的年轻朋友们,坚信人死了什么都没有了,至多只能留下些名气。那么,默默奉献的老实人,以及所有死后没有留下名气的人,活了一辈子,就是没有价值的了!有名的,只是极少数;无名的倒是绝大多数呢。无怪活着的人一心要争求身后之名了!一代又一代的人,从生到死,辛辛苦苦、忙忙碌碌,只为没有求名,或者没有成名,只成了毫无价值的人!反而不如那种自炒自卖、欺世盗名之辈了!这种价值观,太不合理了吧?

匹夫匹妇,各有品德。为人一世,都有或多或少的修养。俗语:"公修公得,婆修婆得,不修不得。""得"就是得到功德。有多少功德就有多少价值,而修来的功德不在肉体上而在灵魂上。所以,只有相信灵魂不灭,才能对人生有合理的价值观,相信灵魂不灭,得是有信仰的人。有了信仰,人生才有价值。

（九）王蒙：人生就是生命的一次燃烧[①]

作者简介：王蒙，中国当代著名作家、学者，河北南皮人，祖籍河北沧州，1934年生于北京，曾任中华人民共和国文化部部长（1986～1989）。王蒙自1953年19岁创作《青春万岁》开始，至今依然保持着充沛的创作激情，活跃在中国当代文坛上。下文节选自《王蒙自述：我的人生哲学》中的《人生即燃烧》。

这本漫谈人生哲学的小书(《王蒙自述：我的人生哲学》)快要结束的时候，我产生了一种担心：我是不是讲得太消极太老庄了？无为呀，等待呀，不这个不那个呀，快乐而又放松呀，这会把读者特别是青年读者带到什么地方去呢？

是的，我侧重于讲不要做那些不该做的事了，我对于应该做什么，除了学习以外都谈得比较松弛。然而有一点是明确的，无为可能是某些人的关键，因为他为各种煽动、混乱、愚蠢和野蛮、自私、狂躁占据得太多了。但是我们的目的不是无为而是有为，不是消极而是积极，不是否定此生而是最好地受用此生，不是一味等待而是主动创造，这是没有疑问的。

也可以换一种说法，无为呀、等待呀、无术呀、自然呀，都是为了扫清道路，清理困扰，而后能够投入地做一些有意义、有成就、有滋味、有光彩的事情。

从个体生命来说，我们能够支配的关键岁月不过那么几十年，然后再无第二次机会。对于人的一生来说，那才是机不可失，时不再来。生命由于它的短暂和不可逆性、一次性而弥足珍贵而神奇而美丽。虚度这样的生命，辜负这样的生命，这是多么愚蠢多么罪

---

① 王蒙著：《王蒙自述：我的人生哲学》，第189～192页，人民文学出版社，2003。

过!一个人丢了一百块钱人民币都会心痛,那么丢失了生命中的有所作为的可能,不是更心痛吗?

在儿童时期,人们的差异并不太多,大家都在同一起跑线上。此后呢,差得就愈来愈远了,有的光阴虚度,深悔蹉跎;有的怨天尤人,郁郁不乐;有的东跑西颠,一事无成;有的畏畏缩缩,窝窝囊囊;有的胡作非为,头破血流……有几个人成功?有几个人满意?有几个人老后能够不叹息:少壮不努力,老大徒伤悲!

而人生不同的类型不同的结局,大体上青年时期就可以看出点端倪来的。青年时代,谁不愿意投入生活、投入爱情、投入学习、投入事业、投入社会、投入人间?

即使生活还相当艰难,爱情还隐隐约约,学习还道路方长,社会还明明暗暗,人间还有许多不平,你也要投入,你也要尽力尽情尽兴尽一切可能,努力去争取一切可以争取到也应该争取到的,以使你能够得到智慧和光明,得到成绩和价值。我并不笼统地赞成古人立大志的说法,但你总该希望自己对社会对人群对国家民族人类多做出一点贡献,至少是确实竭尽了全力,就是说至少是充分燃烧了,充分发了热发了光,充分享用了使用了弘扬了你的有生之年。一个人就是一个能源,人的一生就是燃烧,就是能量的充分释放。能量应该发挥出来,燃烧愈充分愈好。从无光热,不燃而去,未免是一个遗憾;而刚一冒烟儿,就怠工熄灭了,能不痛苦吗?

人生就是生命的一次燃烧,它可能发出美轮美奂的光彩,可能发出巨大的热能,温暖无数人的心,它也可能光热有限,却也有一分热发一分光发一分电,哪怕只是点亮一两个灯泡,也还照亮了自己与邻居的房屋,燃烧充分,不留遗憾。而如果你一直欲燃未燃,万一受了潮或者发生了霉变,那就不但燃烧不好,而且还留下大量的一氧化碳与各种硫化物碳化物,发出奇奇怪怪的噪声,带来对人类环境的污染,乃至成为社会的公害,这实在是非常非常遗憾的。

也许你不能留名青史,但至少应该对得起自己这仅有的几十年。也许你未能立德立功立言,但至少是充分发挥出了自己一生的能量。也许你的诸种努力未能奏效,例如,从事艺术创作但未能被社会所承认,经商却终于未能成功,从军但终于打了败仗,但是最后"结账"的那一天,你至少可以说我已经尽力了,你的失败如楚霸王垓下之战,非战之罪也。我始终不赞成以成败论英雄,我也无能帮助读者乃至于我自己招招皆胜。但是至少心里应该有数,你是有志有为而且选择了正确的道路,但终因条件不具备未能大获全胜呢,还是你上来就不成样子,无志气,无作为,不学习,不努力,意志薄弱,心胸狭窄,企图侥幸,却又愤愤不平,终于一事无成。如果是前者,我愿向你致以悲壮的敬意,我还愿意把你的故事写下来,让读者为之洒一掬清泪。如果是后者,谁能纠正?谁能弥补?谁能同情?

我的长篇小说《活动变人形》的主人公倪吾诚,在生命到了末期之时,他突然说:"我的生活的黄金时代还没有开始呢。"这实在太恐怖了。一个人的成就有大有小,然而你应该尽力。尽力尽情尽兴尽一切可能了,这就是黄金时代,这就是人生的滋味,这就是人生的意义价值,这就是辉煌,燃烧的辉煌,奉献的辉煌。你尽了力,你就能享受到你尽力后的一切可能性,哪怕是"天亡我也,非战之罪也"的悲壮感和英雄主义。你享受到了尽力本身带来的乐趣,尽了力至少能得到一种充实感成就感,你也就赢得了,必然赢得了,首先不是别人,而是你自己的尊敬和满意。比如你是一枚炮弹,被尽力发射出去了,而且爆炸了,即使没有完全命中目标,也是快乐的。你是一粒树种,落在地上,吸足了水分养分,长成了树苗,长成了大树,即使没有长到更大就被雷击所毁,你也可以感到某种骄傲。你的形象是一株树的最好的纪念碑,你的被毁至少是一次大雷雨的见证,是一个悲剧性的事件。人生是一个过程,是一个时间段,是一次能量释放反应,重在参与,重在投入,重在尽力。胜固可喜,败亦犹荣,只要尽了力,结账时候的败者,流出的眼泪也是滚烫的与有分量的;而没有尽力,蹉跎而过,那可真是欲哭无泪了!

(十) 季羡林:对人类发展尽承上启下的责任[①]

作者简介:季羡林(1911~2009),中国语言学家、文学翻译家、教育家和社会活动家,精通12国语言。曾历任中国科学院哲学社会科学部委员、中国社科院南亚研究所所长、北京大学副校长。通晓梵语、巴利语、吐火罗语等语言,是世界上仅有的几位从事吐火罗语研究的学者之一。下文节选自《季羡林谈人生》中的《人生的意义与价值》。

当我还是一个青年大学生的时候,报刊上曾刮起一阵讨论人生的意义与价值的微风,文章写了一些,议论也发表了一通。我看过一些文章,但自己并没有参加进去。原因是,有的文章不知所云,我看不懂。更重要的是,我认为这种讨论本身就无意义、无价值,不如实实在在地干几件事好。

时光流逝,一转眼,自己已经到了望九之年,活得远远超过了我的预算。有人认为长寿是福,我看不尽然。人活得太久了,对人生的种种相、众生的种种相,看得透透彻彻,反而鼓舞时少,叹息时多。远不如早一点离开人世这个是非之地,落一个耳根清净。

那么,长寿就一点好处都没有吗?也不是的。这对了解人生的意义与价值,会有一些好处的。

根据我个人的观察,对世界上绝大多数人来说,人生一无意义,二无价值。他们也从来不考虑这样的哲学问题。走运时,手里攥满了钞票,白天两顿美食城,晚上一趟卡拉OK,玩一点小权术,要一点小聪明,甚至恣睢骄横,飞扬跋扈,昏昏沉沉,浑浑噩噩,等到钻入了骨灰盒,也不明白自己为什么活过一生。

[①] 季羡林著:《季羡林谈人生》,第7~8页,当代中国出版社,2006年。

其中不走运的则穷困潦倒,终日为衣食奔波,愁眉苦脸,长吁短叹。即使日子还能过得去的,不愁衣食,能够温饱,然而也终日忙忙碌碌,被困于名缰,被缚于利索。同样是昏昏沉沉,浑浑噩噩,不知道为什么活过一生。

对这样的芸芸众生,人生的意义与价值从何谈起呢?

我自己也属于芸芸众生之列,也难免浑浑噩噩,并不比任何人高一丝一毫。如果想勉强找一点区别的话,那也是有的:我,当然还有一些别的人,对人生有一些想法,动过一点脑筋,而且自认为这些想法是有一点道理的。

我有些什么想法呢?话要说得远一点。当今世界上战火纷飞,人欲横流,"黄钟毁弃,瓦釜雷鸣",是一个十分不安定的时代。但是,对于人类的前途,我始终是一个乐观主义者。我相信,不管还要经过多少曲折,不管还要经历多少时间,人类总会越变越好的,人类大同之域决不会仅仅是一个空洞的理想。但是,想要达到这个目的,必须经过无数代人的共同努力。有如接力赛,每一代人都有自己的一段路程要跑。又如一条链子,是由许多环组成的,每一环从本身来看,只不过是微不足道的一点东西;但是没有这一点东西,链子就组不成。在人类社会发展的长河中,我们每一代人都有自己的任务,而且是绝非可有可无的。如果说人生有意义与价值的话,其意义与价值就在这里。

但是,这个道理在人类社会中只有少数有识之士才能理解。鲁迅先生所称之"中国的脊梁",指的就是这种人。对于那些肚子里吃满了肯德基、麦当劳、比萨饼,到头来终不过是浑浑噩噩的人来说,犹如夏虫不足与语冰,这些道理是没法谈的。他们无法理解自己对人类发展所应承担的责任。

话说到这里,我想把上面说的意思简短扼要地归纳一下:如果人生真有意义与价值的话,其意义与价值就在于对人类发展的承上启下、承前启后的责任感。

(十一) 汤一介：爱人类、爱国家、爱民族[①]

作者简介：汤一介，生于1927年，1951年毕业于北京大学哲学系。北京大学哲学系资深教授，中国哲学与文化研究所名誉所长，博士生导师。北京大学儒藏编纂中心主任，教育部哲学社会科学重大攻关项目"儒藏编纂与研究"首席专家，兼任中国文化书院创院院长、中华孔子学会会长、中国炎黄文化研究会副会长。主要研究方向为魏晋玄学、早期道教、儒家哲学、中西文化比较等。下文节选自《我们三代人》中的《我为什么而活》。

我一天天长大，知识一天天多起来，在初中期间学习了"生理卫生"课，知道婴儿是如何形成和产生的。从初中到高中，我读了许多书，知道了基督教关于上帝创造人的故事，知道了佛教关于"轮回"的思想，知道了儒家和道家对生死不同的态度等等。

我的中学阶段正好是抗日战争时期，这一时期我读了不少书。在初中，我读的大多是中国作家的文学作品，如巴金的《家》《春》《秋》，曹禺的《雷雨》《北京人》，鲁迅的《狂人日记》《伤逝》以及中国古典小说等。十五岁在西南联大附中读书时，我和几位同学一起看了斯诺的《西行漫记》，我们觉得延安那里的生活一定很有意思，于是背着家里人，从昆明乘车奔向"革命圣地"延安。没想到了贵阳就被当地警备司令部抓住，把我们关在一间小屋里。先是由警备司令审问我们，我们都谎称要到重庆去念书，后来贵州省秘书长又对我们训话，最后由联大附中教务长把我们领回昆明。回到昆明后不久，我去重庆南开中学入了高中。在南开中学，我开始读外国文学作品，我特别喜欢读俄国小说，如屠格涅夫的《父与子》《罗

[①] 汤一介著:《我们三代人》，第204～217页，中国大百科全书出版社，2016。

亭》，这些书使我对人道主义有了一定的兴趣和认识，特别是读了托尔斯泰的《战争与和平》，更加深了我对人道主义的了解，我很喜欢书中的皮埃尔，他的善良深深地打动了我。还有安德烈亲王在战场上受了伤，躺在战场上，他看到了一朵白色的小花，产生善良的爱心和对生命的珍惜之情以及对他人的同情心等，这样一些美好的人的品质使我向往。于是"同情心"和对生命的热爱凝聚于我心中，几乎影响着我的一生。在这一期间，我开始了自己的写作，我写了一篇《论善》，可惜这篇代表我由少年跨入青年时代的作品早已丢失。但我仍然记得它的主旨是写：珍惜自己的生命是为了爱他人，"善"就是"爱"，人活着就是为了"爱他人"，应是没有其他目的的。但这时我对"爱"的理解是那么抽象，它实际上是从爱自己的生命出发的"爱"，并不是真正的"博爱"。

我高中没有读完，就回到昆明的家里，自己读书。这时我对宗教的书和带有宗教意味的文学作品开始有了兴趣，从而由此前对"爱"的抽象理解而渐渐有了较具体的体会。我读了《圣经》，知道上帝对人类的爱，了解到耶稣之受难才是真正伟大的"爱"。我读佛经故事，最喜欢"投身饲虎"的故事。这个故事是说，大车国王幼子萨埵见一虎产了七个儿子，已经七天，而老虎母子饥渴将死，于是生悲悯之心，而投身饲虎，以求"无上究竟涅槃"。这种舍身而完成一种理想的精神，净化着我的心灵。然而对我直接影响最大的外国作品，应该说是罗曼·罗兰的《贝多芬传》。《贝多芬传》开头引了贝多芬1819年2月1日在维也纳市政府讲的一段话："我愿证明，凡是行为善良与高尚的人，定能因之而担当患难。"而《贝多芬传》的开头一段说："人生是苦难的。对不甘平庸凡俗的人，那是一场无日无夜的斗争，往往是悲惨的，没有光华，没有幸福，在孤独与静寂中展开的斗争。"照通常的情况看，我这样一个十六七岁的"大孩子"，为什么会有这种"人生是苦难"的想法呢？我至今不能做出清楚明白的回答，也许是因为"少年不知愁滋味"吧！但是，从当时的情况看,整个世界和中国都处在苦难之中,世界反法西斯战争和中国的抗日战争正处在最后殊死战的1944年,而那时对我们家来说,又是我的大妹与大哥先后死去的日子,自然有人生无常、世事多变的感受,而且一个内向的"大孩子",大概比较容易产生"悲天悯人"的感情吧!这种"悲天悯人"的感情可以化为一种力量,那就是中国儒家所提倡的"杀身成仁""舍生取义"的"生死观",一种承担"人生苦难"、济世救人的理想。

我的家庭教育对我的性格形成无疑是有深刻影响的。我的父亲是一位留学美国,在哈佛大学取得硕士学位,并且一直在大学教书的教授,他教中国哲学也教西方哲学和印度哲学,他是一位致力于研究中国佛教史的学者,但他立身处事却颇有儒家精神。这点大概是我祖父对他的影响所致。我祖父是清朝光绪十五年的进士,做过几任县官,后常任地方的考官。祖父一贯以"事不避难,义不逃责,素位而食,随时而安"作为他的立身行事之大要。而父亲正如钱穆先生在《师友杂忆》中所说,"锡予(我父亲名用肜,字锡予)为人一团和气","奉老慈幼,家庭和睦,饮食起居,进退作息,固俨然一纯儒者之典型"。我母亲是湖北黄冈张姓大族之女,是一位典型的"相夫教子"的中国善良女性。我在这种家庭环境中长大,自然会深受儒家传统思想的影响。在我十六七岁时,虽然对儒家思想没有什么深刻了解,但《论语》《孟子》《大学》《中庸》等儒家经典还是读过一些。例如,孔子所追求的"天下有道"的理想,孟子的"富贵不能淫,贫贱不能移,威武不能屈"的大丈夫精神以及后来一些儒家的"视死如归"的"杀身成仁""舍生取义"的气节,对我的潜移默化的影响大概是巨大的。因而,贝多芬那段担当人生苦难的话自然就深深地感动了我,这其实仍是我以某种儒家思想心态接受西方思想的一个例证。

我那时认为,我来到这个世界上,活着就应有一种历史使命感,应对社会负责任。如果一个人不甘于平庸凡俗,自然要担当起苦难,所以中国有所谓"生于忧患,死于安乐"的说法。自古至今有儒家精神的仁人志士都是对自己国家民族的兴衰和人类社会的幸福十分关怀,往往有一种自觉不自觉的"忧患意识"。这种"忧患意识"不是为着一己的小我,而是为着国家民族的大我,因此可以为着一个理想的目标,舍生忘死。在这个时期,我常问自己"为什么活着?",我很自然地回答:是为了爱人类、爱国家、爱民族而活,并愿为之而奋斗。当然,我那时的这些想法都是空洞的,没有实际内容的,甚至可以说是十分幼稚可笑的。但这些思想感情对我的一生来说仍然是宝贵的,因为它无疑是我们中国人传统文化中应受到珍视的一部分。

(十二) 梁晓声:人生的意义在于承担[①]

作者简介:梁晓声,1949年生,原名梁绍生,哈尔滨人,著名作家、编剧,中国作家协会全国委员会委员。现为北京语言大学人文学院教授。曾任北京电影制片厂编辑、编剧,中国儿童电影制片厂艺术委员会副主任,中国电影审查委员会委员及中国电影进口审查委员会委员。下文节选自其《人生的意义在于承担》。

我曾多次被问道:"人生有什么意义?"往往,"人生"之后还要加上"究竟"两字。

我想,"人生有什么意义"这一个问题,从本质上说,是从"现在时"出发对"将来时"的一种叩问,是对自身命运的一种叩问。世界上只有人才关心自身的命运问题。"命运"一词,意味着将来怎样,它绝不是一个仅仅反映"现在时"的词。

"人生有什么意义"这一个问题与人的思想活动有关,古今中外,解答可谓千般百种,形形色色。我也回答过这一个问题,可每

---

① 选自《领导文萃》,2012年第十五期(上)。

次的回答都不尽相同,每次的回答自己都不满意。

一般而言,儿童和少年不太会问"人生有什么意义"的话,他们倒是很相信人生总是有些意义的,专等他们长大了去体会。老年人也不太会问"人生有什么意义"的话,问谁呢?中年人常问"人生有什么意义"。相互问一问,或自说自话一句,一切都似乎不言自明,于是相互获得某种心理的支持和安慰。因为他们是有压力的,压力常常使他们对人生的意义保持格外的清醒。人生的意义在他们那儿的解释是——责任。

是的,责任即意义。责任几乎成了大多数寻常百姓的中年人之人生的最大意义。对上一辈的责任,对儿女的责任,对家庭的责任,对单位对职业的责任。人只有到了中年时,才恍然大悟,原来从小盼着快快长大好好地追求和体会一番的人生的意义,除了种种的责任和义务,留给自己的,即纯粹属于自己的另外的人生的意义,实在是并不太多。他们老了以后,甚至会继续以所尽之责任和义务完成得究竟怎样,来掂量自己的人生意义。

而在一些年轻人眼中,人生的意义就是享受,他们还没有受什么苦,也没有经历大的波折磨难,在他们看来,世界是美好的,人生要享受眼前的美好。如果他经历了点什么困难,他们更有理由了——人活在这个世界这么苦,不好好享受对不住自己。

其实,这是大错特错的。我有一种结论,所谓"人生的意义",它至少是由三部分组成:一部分是纯粹自我的享受;一部分是爱自己和自己所爱的人的感受;还有一部分是社会和千千万万别人的感受。

当一位青年听到他渴望娶其为妻的姑娘说"我愿意"时,他由此顿觉人生饱满、有意义了,那么这是纯粹自我的感受。爱迪生之人生的意义,体现在享受电灯、电话等发明成果的全世界人身上;林肯之人生的意义,体现在当时美国获得解放的黑奴们身上。如果一个人只从纯粹自我方面的感受去追求所谓人生的意义,那么他到头来一定所得极少。最多,也仅能得到三分之一罢了。但倘若一个人的人生在纯粹自我方面的意义缺少甚多,尽管其人生作为的性质是很崇高的,那么在获得尊敬的同时,必然也引起同情。这是自我价值和社会价值的失衡。

权力、财富、地位、高贵得无与伦比的生活方式,这其中任何一种都不能单一地构成人生的意义。而勇于担当的人,即使卑微,对于爱我们也被我们所爱的人而言,可谓大矣!因为他尽到了自己的责任,他承担了属于自己的义务。这样的人,尽管平凡渺小,但值得钦佩。

(十三) 罗素:渴望爱情,寻求知识,怜悯人类[①]

作者简介:伯特兰·罗素(1872～1970),20世纪最有影响力的哲学家、数学家和逻辑学家之一,同时也是活跃的政治活动家,致力于哲学的大众化、普及化,1950年获得诺贝尔文学奖。下文节选自其《我为什么生活》。

三种单纯然而极其强烈的激情支配着我的一生,那就是对于爱情的渴望,对于知识的寻求,以及对于人类苦难痛彻肺腑的怜悯。这些激情犹如狂风,把我在伸展到绝望边缘的深深苦海上东抛西掷,使我的生活没有定向。我追求爱情,首先因为它叫我销魂,爱情令人销魂的魅力使我常常乐意为了几小时这样的快乐而牺牲生活中的其他一切。我追求爱情,又因为它减轻孤独感——那种一个颤抖的灵魂望着世界边缘之外冰冷而无生命的无底深渊时所感到的可怕的孤独。

我追求爱情,还因为爱的结合使我在一种神秘的缩影中提前

---

① 伍国文等编:《世界文学随笔精品大展》,第238页,上海文化出版社,1992。

看到了圣者和诗人曾经想象过的天堂。这就是我所追求的,尽管人的生活似乎还不配享有它,但它毕竟是我终于找到的东西。

我以同样的热情追求知识。我想理解人类的心灵,我想了解星辰为何灿烂,我还试图弄懂毕达哥拉斯学说的力量,是这种力量使我在无常之上高居主宰地位。我在这方面略有成就,但不多。

爱情和知识只要存在,总是向上导向天堂。但是,怜悯又总是把我带回人间。痛苦的呼喊在我心中反响、回荡。孩子们受饥荒煎熬,无辜者被压迫者折磨,孤弱无助的老人在自己的儿子眼中变成可恶的累赘,以及世上触目皆是的孤独、贫困和痛苦——这些是对人类应该过的生活的嘲弄。我渴望能减少罪恶,可我做不到,于是我也感到痛苦。

这就是我的一生。我觉得这一生是值得活的。如果真有可能再给我一次机会,我将欣然重活一次。

(十四) 卡莱尔:工作之中意义无穷[①]

作者简介:托马斯·卡莱尔(1795~1881),苏格兰散文家、历史学家,英国19世纪著名史学家。下文节选自其《劳动》。

工作里面有一种永久的高尚之处,甚至神圣之处。一个人尽管如何冥顽不灵,尽管忘记他的崇高使命,只要是踏踏实实、埋头苦干,这个人便不致没有救药。只有怠惰才会永无希望。努力工作,而绝不贪婪卑吝,这便是与自然的欷合感通;想把工作完成的诚恳愿望本身就会把人逐步导入真理,导入自然的种种任命与规则,而这些也就是真理。

我们这个世界的最新福音则是:认识你的工作,并且努力去

[①] 伍国文等编:《世界文学随笔精品大展》,第239~240页,上海文化出版社,1992。

做。常言道,要"认识你自己":看来你那个不幸的"自己"烦乱你的心志已非一日,我料定你永远也"认识"不了它的!因此,认识你自己这件事尽可不必看作你的职务;你乃是一个完全无从认识的人:认识你自己能做些什么,然后便动手去做,像赫鸠利斯那样地工作!这倒是你的较好的办法。

经上有云,"工作之中意义无穷",一个人经过工作才能日臻完善。梗秽榛莽既除,良田嘉禾才生长起来,宏都巨邑才建立起来;而人类自身也才赖以而初次摆脱其榛莽之性,污秽荒漠之状。试想,即使在最卑微的劳动中,只要一个人一旦着手工作,他的整个灵魂必将化为一种何等真实的和谐!疑虑、欲念、忧伤、悔恨、愤怒、失望等,所有这些,仿佛地狱的恶犬一般,猖猖逼胁着每个穷苦工人的灵魂,正像逼胁着一切人们那样,但他一心奋力工作,毫不为之所动,于是一切也就安宁无事,一切也就诺诺遁去,退缩入洞。这样的人方不愧为一个勇毅的人。这时他身上满披宠赐的灵光——这岂非如圣火一般,一经入炼,百毒俱消?——同那里的一切乌烟瘴气都一律化作煜煜耀目的神圣火焰!

整个来说,命运之育人也别无他法。回想混沌之初,无形无状,但一经转动,即呈圆形,而且愈转愈圆;并借引力之作用,逐步形成地层、圈带等;此时混沌已不复更为混沌,而变成圆形凝聚之世界。试想,如果大地一朝停止转动,这个世界又将成何局面?在这个地老天荒的茫茫广土之上,只要她一天还在转动,一切不平等、一切不规则的事物便终有一天要消灭;一切不规则的东西正是这样不断地变得合乎规则。你注意过陶工的旋盘吗?——那最为人崇敬的一件什物;论其历史之悠久,足以与先知以西结(古希伯来人的著名先知——本书作者注)比古,甚至比他更古!一块块粗糙的土坯,在疾速的旋转之下,会旋成多么精美的圆盘。试想,现在有个最勤奋的陶工,但手中却没有旋盘,因而不得不只靠揣捏和焙烧来制作盘子或简直是什么也不像的东西!命运就是这样一个陶工，她手中的那个活人只知一味休憩，却不肯起来工作和转动！一个怠惰而不想转动的人，即使遇到最宽厚的命运，也正像那个最勤奋但是手中无旋盘的陶工那样，是不会捏烧成器的；这时即使命运在他身上怎样不惜浓颜丽色，怎样彩釉镶金，他仍不免是烂坯一块，它够不上一个盘子；不，它只不过是凹凸不一、胡揣乱捏、弯弯曲曲、歪歪扭扭、边角倾斜、没有规格的烂坯一块而已——虽彩釉其外，器皿之耻也！这点希望怠惰的人能够三思。

能找到自己工作的人是有福的；愿他此外不再祈求别的福祉。他现在有了工作，有了终生目的；他已经找到了它，并将矢志不渝！正像伟大的力量在生命的凄苦的泥淖沼泽之中开凿的一道畅通的运河，正像那里的一条愈流水愈宽岸愈阔的巨河，它将奔腾涌进，一往无前；逐渐把最远处草根周遭的毒液污水也挟去，结果厉疫为虐的沼泽一变而为青葱丰美的草原，清流掩映，流贯其中。劳动就是生命；一旦工作开端得当，一个工作者从他的内心深处是会迸发出他那天赐的力量的，那种全能的上帝所嘘入的超凡入圣的生命精华；从他的内心深处，他是会被引入到一切高尚之境——一切知识之境的，不管是"自我认识"，抑或是更多的其他。知识？就是那种在工作当中可以发生效益的知识，望你谨守这点。因为自然本身就称许这点，信诺这点。严格地讲，舍工作中所获知识外，你并无别的知识；至于其余，不过是知识的一种假说而已；而且直到我们真正着手和给予确定为止，也只是学校里尚待争论的东西，也只是飘浮在云端或卷动在逻辑的旋涡里的虚无缥缈的东西。"各种各样的怀疑，最终只能靠行动来解决。"

(十五) 汤川秀树:怀抱崇高理想,竭尽全力去实现[①]

作者简介:汤川秀树(1907～1981),日本物理学家,大阪大学哲学博士,历任京都帝国大学、东京帝国大学教授。1948年赴美国任哥伦比亚大学教授,1955年回国。他从电磁理论得到启发,1935年提出了关于核子力的"介子理论",1949年获得诺贝尔物理学奖。他也是一位优秀的散文家,幼年即从祖父学习汉籍和日本古代典籍,对中国和日本的文化有独到的见解。尽管后来从事物理学研究,但仍时时涉足于文史。他的散文闪烁着科学和人文的光彩。下文节选自其《人生的意义》。

同学们都还年轻,你们面前有着广阔的前途。平均起来你们今后将有六十年左右的寿命,也就是说,你们将跨过20世纪进入21世纪。在这个时期里,世界将会发生什么变化呢?回忆一下20世纪前半叶的60年代中期,世界上发生了显著的变化,由此可以想象到未来五六十年中也将产生难以估量的巨大飞跃。

究竟人世间演变的起因何在?当然,不难想象有地震、台风、洪水等自然因素造成的变迁。不过,这种自然因素的影响只是暂时的,尽管是重大事件也决不会产生永久性的影响。从长远来看,可以说主要还是人类的所作所为带来了世界的变化。

以交通的发达为例,现在汽车、飞机的数量大增,速度加快,再加上通信事业迅速发展,电话、广播、电视也已经普及,这些都为世界带来了不少变化。诸如此类的变化今后还会应时而生、层出不尽。

若考究一下发生这些变化的原因,就会发现:最大的因素是人

[①] 伍国文等编:《世界文学随笔精品大展》,第275～277页,上海文化出版社,1992。

类知识、技术的进步。简而言之,即科学的进步引起了世界的变化。众所周知,科学是人类创造、思维的结晶,是人们在有生之年辛勤工作的点滴积累。不光科学,人类还有许多其他活动也推动了社会的发展。关键问题是今后的世界还将由活着的人们奋斗不息地发展下去。

因此,我希望同学们深刻认识到,你们自己也是这活着的人群的一员。如果有人认为,我的力量微不足道,根本不可能去改变一个世界,所以自己除了顺应社会趋势,随波逐流,别无所能。这种想法是极端错误的。因为尽管每个人的力量是十分微薄的,但是不能否认,正是这些个人的不懈努力,社会才得以发展、变化。

但是变化本身也有多种多样,究竟朝着什么方向演变才好,这又是一个问题。我们应当努力设法使世界朝着光明的道路发展,而不是走向相反的方向。要下定决心为把世界逐步引向光明的道路而贡献自己微薄的力量——不光有决心,更要采取实际行动。我们应当认识到这样生活才是真正有意义的。

为了建设好这个世界,应当采取什么方法来贡献自己的力量呢?这因人而异。即使定下了今后努力的目标,选择了适当的道路,并已开始在这条道路上前进,也未必能够获得成功,或许会以失败而告终。究竟成功与否,谁也无法预测,不可能先知先觉。我相信只要努力就有成功的希望,竭尽全力去干,这便体现了人生在世的真正价值。

人们常说现在的年轻人比起前人现实多了,也就是说他们开始关心将来,想方设法使自己晚年过得更加舒适。这种考虑是人之常情,未必是坏事。但是如果青年人一味考虑个人生活的安逸,未免令人失望。而且,如果他们以为未来和现实不会有多大差异,因而只是考虑在眼前这个圈子里,如何生活得更好,那就不仅是令人失望,而且是幼稚可笑的。

有人以为:"别人都考某某大学,所以我也要进某某大学。""要是能进某某公司工作,将来生活就有保障。为了能进某某公司,大概先进某某大学比较合适。"这类消极的想法如果充斥于青年人的头脑,前景会是什么样子呢?

如果日本全国都是这样的青年集合在一起,会有什么结果呢?到那时日本人在这个地球上将变得十分渺小,失去影响。不仅如此,在日益激烈的国际竞争中——特别是创造文化价值的竞争中,日本将成为十足的落伍者。这样下去,日本人的个人生活也会在精神和物质方面双双遭到破产。

本来,在现实或将来的社会里,每一个个人的问题与社会全体的问题,推而广之和全世界的问题,是绝对不能分割的。由此可以懂得前面所说的"现实主义态度",或者用个贬义词,叫作利己主义的生活态度,它乍看起来似乎稳妥可靠,实际并非如此。青年中至少应当有一部分人能够立志摆脱个人的打算,怀着崇高的理想向前迈进。如果连这一点也做不到,那么日本也好,世界也好,便不会朝着进步的方向发展。这种结局所带来的恶果又会反过来影响到每一个个人,给人们带来巨大的不幸。前面我已讲过,抱有崇高理想前进的人,即便不能完全成功,那种生活也具有重大意义。我认为,觉悟到生活的意义而活在世上,才是真正的现实主义的生活方式。

(十六)爱因斯坦:满足人的需要,建立人间和谐美好的关系[①]

作者简介:阿尔伯特·爱因斯坦(1879～1955),犹太人,20世纪著名理论物理学家、思想家及哲学家,也是相对论的创立者,现代物理学及20世纪最重要的科学家之一。下文节选自《爱因斯坦

---

① 〔美〕海伦·杜卡斯、巴纳希·霍夫曼编:《爱因斯坦谈人生》,第29～31页,世界知识出版社,1984。

谈人生》。

1950年12月初,爱因斯坦在普林斯顿收到拉特格斯大学一位19岁的大学生亲笔写来的长信,这个学生在信中说:"先生,我的问题是:'人活在世界上到底为什么?'"他排除了诸如挣钱发财、博取功名或助人为乐之类的答案,接着说:"先生,坦率地说,我甚至不知道自己为什么上大学,为什么学工程学。"他认为人活着"什么目的也没有",并摘引了布莱斯·帕斯卡尔《思想录》中的一段话,他说这段话精辟地概括了他自己的感受:"我不知道是谁把我降生于世,也不知道世界是什么,也不知道我自己是什么。我对万物一无所知,我不知道自己的身体、感官、灵魂是什么,甚至也不知道指挥我说话、思考万物、思考其本身的那部分器官是什么,这部分器官对它自己的了解不会超出其他一些器官对它的了解。我看到四周可怖的宇宙空间,我发现自己被束缚在这个广袤浩渺的宇宙之一隅,不知道为什么把我放在这里而不是那里,也不知道为什么分配给我的这段短暂的时间属于此时此刻而不属于永恒的另一个时刻——在我之前或在我之后的时刻。极目四望,我只能看到无限,而我像个原子被困在中间,如同稍纵即逝的影子,一旦消失就再也不会返回。我只知道自己必然死亡,但我最不理解的正是这个我无法逃脱的死亡。"

这位大学生接着指出,帕斯卡尔发现宗教能解决这些问题,但他本人却不以为然。他谈到人在宇宙中的渺小,但他还是请爱因斯坦指出一条正确的道路,并说明理由。他说:"请你不要照顾情面,如果你认为我已误入歧途,烦请你把我引入正路。"

在回答这一强烈的求援声时,爱因斯坦并不是敷衍一番,安慰安慰,他的指教肯定会使那位大学生振奋起来,并减轻他的疑虑给他自己孤独的心灵所施加的重压。爱因斯坦收到来信后没过几天,就于1950年12月3日从普林斯顿用英文给他写了回信,他在信中写道：

　　为了探索个人与整个人类的生活目的，你进行了如此认真的努力，这使我深受感动。我认为，如果像你这样提出这个问题，那就不可能有合理的答案。如果我们讨论的是一项行动的目标和目的，那我们只不过提出了这样一个简单的问题：我们这一行动或其后果应该满足什么欲望，或者说应该避免什么不希望出现的后果？当然，我们也可以从个人所属的那个群体的角度出发，明确规定一项行动的目的。在这种情况下，行动的目的至少间接地同满足构成社会的个人所怀有的欲望有关。

　　如果你询问作为一个整体的社会或作为一个整体的个人有什么目的或目标，这个问题本身毫无意义。当然，如果你一般地询问自然界有什么目的或意义何在，那就更无意义了。因为在这种情况下，如果有人硬说自己的欲望同事态的发展是相联系的话，那是十分武断的，如果不说是毫无理由的话。

　　尽管如此，我们都认为，一个人活着就应该扪心自问，我们到底应该怎样度过一生，这是一个合情合理的问题，也是一个非常重要的问题。在我看来，问题的答案应该是：在力所能及的范围内尽量满足所有人的欲望和需要，建立人与人之间和谐美好的关系。这就需要大量的自觉思考和自我教育。不容否认，在这个非常重要的领域里，开明的古代希腊人和古代东方贤哲们所取得的成就远远超过我们现在的学校和大学。

（十七）阿德勒：生活的真正意义在于奉献[①]

　　作者简介：阿德勒（1870～1937），奥地利著名心理分析学家，创立了以"自卑情结"为主要特征的"个体心理学"，与弗洛伊德、荣

---

　　① 陈珺主编：《心灵简史——探寻人的奥秘与人生的意义》，第34～40页，线装书局，2003。

格一起并称为精神分析学三大家。下文出自其代表作《自卑与超越》,作者从多种角度论证了生活的意义在于对别人发生兴趣,简言之"生活的意义在于奉献"。

一

人类生活于"意义"的领域之中。我们所体验到的,并不是单纯的环境,而是环境对人类的重要性。即使是对环境中最单纯的事物,人类的经验也是以人类的目的来加以衡量的。"木头"指的是"与人类有关系的木头","石头"的意思是"能作为人类生活因素之一的石头"。假使有哪一个人想脱离意义的范畴而使自己生活于单纯的环境之中,那么他一定非常不幸:他将自绝于他人,他的举动对他自己或别人都毫不起作用,总之,它们都是没有意义的。我们一直是以我们赋予现实的意义来感受它,我们所感受的,不是现实本身,而是它们经过解释后之物。因此,我们可以顺理成章地说:这些意义多多少少总是不完全的,它们甚至是不会完全正确的。意义的领域即是充满了错误的领域。

假如我们问一个人:"生活的意义是什么?"他很可能回答不出来。通常,人们若不是不愿用这个问题来使自己困扰,就是用老生常谈式的回答来搪塞它。然而,自有人类历史起,这个问题便已经存在了。在我们的时代,青年们——较老的人们亦是如此——也常会爆出这样的呼号:"我们是为什么而活?生活的意义是什么?"不过,我们可以断言:他们只有在遭受到失败的时候,才会发出这种疑问。假使每件事情都平淡无波,在他们面前也没有困难的阻碍,那么这个问题便不会被诉于言词。每个人都只把这个问题和它的答案表现于自己的行为之中。如果我们对一个人的话语充耳不闻,而只观察他的行为,我们将会发现,他有个人的"生活意义",他的姿势、态度、动作、表情、礼貌、野心、习惯、特征等,都遵循此一意义而行。他的作风表现出他好像对某种生活的解释深信不疑,他的一举一动都蕴含着他对这个世界和他自己的看法,他似乎断言:"我就是这个样子,而宇宙就是那种形态。"这便是他赋予自己的意义以及他赋予生命的意义。

随人而异的生命意义是多得不可胜数的。而且,我们说过,每一种意义可能多少都含有错误的成分在里头。没有人拥有绝对正确的生命意义,而我们也可以说:只要是被人们应用的生命意义,也不会是绝对错误的。所有的意义都在这两端间变化。然而,在这些变化里,我们却可以将各种回答分出高下:它们有些很美妙,有些很糟糕,有些错得多,有些错得少。我们还能发现:较好的意义具有哪些共同的特质,而较差的意义又都缺少哪些东西。这样,我们可以得到一种科学的"生命意义",它是真正意义的共同尺度,也是能使我们应付与人类有关的现实"意义"的。在此,我们必须牢牢记住:"真实"指的是对人类的真实,对人类目标和计划的真实。除此之外,别无真理。如果还有其他真理存在,它和我们也没有关系,我们无法知道它,它也必然是没有意义的。

二

在这里,我们可以看出各种错误"生活意义"的共同尺度,和各种正确"生活意义"的共同尺度。所有失败者——罪犯、酗酒者、问题少年、自杀者、堕落者、娼妓——之所以失败,就是因为他们缺乏从属感和社会兴趣。他们在处理职业、友谊和性等问题时,都不相信这些问题可以用合作的方式加以解决。他们赋予生活的意义,是一种属于个人的意义。他们认为,没有哪个人能从完成其目标中获得利益,他们的兴趣也只保留于自己身上。他们争取的目标是一种虚假的个人优越感,他们的成功也只有对他们自身才有意义。谋杀者手中有一瓶毒药时,可能会体会到一种权力之感,但是,很明显地,他只能使自己相信自己的重要性,对别人而言,拥有一瓶毒药并不能抬高他的身价。事实上,属于私人的意义是完全没有意义的,意义只有在和他人交往时,才有存在的可能。我们的目标和动作也是一样，它们的唯一意义，就是它对别人的意义。每个人都努力地想使自己变得重要，但是如果他不能体认人类的重要性是依据他们对别人生活所做的贡献而定的，那么他必定会踏上错误之途。

所有真正"生活意义"的标志是：它们都有共同的意义——它们是别人能够分享的意义，也是能被别人认定为有效的意义。能够解决生活问题的优良方法，必然也能为别人解决类似的问题，因为我们在其中可以看出如何用成功的方式来应付共同的问题。即使天才，也只能用其至高无上的效用来定义，因为一个人的生命只有被别人认定为对他们很重要时，他们才会称他为天才。表现于这种生活中的意义必然为：生活意指——对团体贡献力量。在这里，我们谈的不是职业动机。我们不管职业，而只注意成就。能够成功地应付人类生活中问题的人，他行为的方式显得好像已经认清，生活的意义在于对别人发生兴趣以及互助合作。他所做的每件事情似乎都被其同类的喜好所指引，当他遭遇困难时，他会用不和别人利益发生冲突的方法来加以克服。

另外还有一点足以证实：奉献乃是生活的真正意义。假使我们在今日检视我们从祖先手里接下来的遗物，我们将会看到什么？他们留下的东西，都是他们对人类生活的贡献。我们看到开发过的土地。我们看到公路和建筑物。在传统中，在哲学里，在科学和艺术上，以及在处理人类问题的技术方面，我们还看到了他们生活经验互相交流的成果。这些成果都是对人类幸福有所贡献的人们留下来的。其他的人们又怎么样呢？那些不合作分子，那些赋予生活另一种意义的人，那些只会问"我该怎样逃避生活"的人，都怎么样了？他们身后一点痕迹也没有留下。他们不仅已经死亡，他们的整个生命也是贫瘠不堪的。我们的地球似乎曾对他们说过："我不需要你，你根本不配活下去。你的目标，你的奋斗，你所保持的价值观念都没有未来可言。"对于不是以合作作为生活意义的人,我们所下的最后断语是:"你是没有用的。没有人需要你,走开!"当然,在现代文化中,我们可以看到许多不完美之处,当发现了弊病,我们就该改变它,不过这种改变仍然必须为人类谋取更多福利为前提。

了解这种事实的人到处都有。他们知道,生活的意义是对全体人类发生兴趣,他们也努力地培养爱情和社会兴趣。在各种宗教中,我们都能看到这种救世济人的心怀。世界上所有伟大的运动,都是人们想要增加社会利益的结果,宗教即是朝此方向努力的最大力量之一。然而,宗教的本旨却经常被曲解;除非它们更直接地致力于此工作,否则在它们现在已有的表现外,我们很难再看出它们能做更多的事。个体心理学以科学方法,采用了科学技术,也获致同样的结论。我相信,它还更进一步。由于科学使人类对其同类的兴趣大为增加,所以它或许比政治或宗教更能接近此一目标。我们从各种不同角度探讨此一问题,但目标却始终如一——增加对别人的兴趣。

(十八)弗兰克尔:认真对待生活,恪尽人生责任[①]

作者简介:维克多·弗兰克尔(1905~1997),美国临床心理学家,出生于奥地利,1930年在维也纳大学获得医学博士学位,1949年获得哲学博士学位,维也纳医科大学神经与精神病学教授,担任维也纳神经综合医学院的首席专家长达25年。他创立了"意义治疗法"及"存在主义分析",被称为继弗洛伊德的心理分析、阿德勒的个体心理学之后的维也纳第三心理治疗学派。"二战"时期,他被囚禁在纳粹集中营整整三年,是少数幸存者之一。这段特殊的经历使他领悟到了一个深刻的人生道理:一个人即使一无所有,甚

---

① 陈珺主编:《心灵简史——探寻人的奥秘与人生的意义》,第93~100页,线装书局,2003。

至在最艰险的情况下,他也拥有选择人生态度的自由,这是任何人都无法剥夺的;当一个人领悟到生命的意义和目的时,就会产生意想不到的无穷力量。下文节选自其畅销世界的自传性名著《人生的真谛》。

这里,我想解释一下,为什么我把我的理论命名为"意义疗法"(logotherapy)。Logos 一词系希腊语,意思是"意义"。意义疗法即某些作者所称的"维也纳第三心理治疗学派",着眼于人存在的意义和人对于存在意义的探索。在意义疗法看来,努力探索人生意义是人的原始促动力。因此,对照弗洛伊德精神分析所着重的唯乐原则(或可称作唯乐意志),和对照阿德勒心理学派所着重的并称之为"争取优胜"的权力意志,我提出了意义意志。

意义意志

人探索生命意义,是其生命的原动力,而不是对本能驱力的"继发性文饰"。生命意义是独特而具体的,必须而且能够由个人独自实现;只有这样,生命意义才有价值,才能满足本人的意义意志。一些作者争论说,意义与价值准则"只不过是防御机制、心理反应形成和升华"。但是,就我自己而言,我既不愿意仅仅为"防御机制"而生,也不愿意仅仅为"心理反应形成和升华"而死。然而,作为人,完全能够为所信奉的理想和价值准则而生,甚至为此而死!

几年前,法国举行了一次民意测验。结果 89% 的受测者承认,人需要为"某种目的"活着。此外,61% 的人承认,在他们生命中某事或某人占有重要位置,他们甚至愿意为之献身舍命。在维也纳我所在医院科室里,我对病人和医务人员进行了同样的测验,结果与法国受测的成千上万人的回答基本一致,出入只有 2%。

另外,约翰斯·霍普金斯大学社会科学工作者曾经对 48 所学院 7948 名学生做过一次统计调查。这项调查的初步报告是全国心理卫生研究所主持的一项为期两年的研究课题的组成部分。在问到目前他们认为什么是"极其重要的事"时，16％的学生选择"赚大钱"，78％的学生回答说他们的首要目标是"寻找人生的目的和意义"。

精神动力

固然，探索人生意义，会引起人的内心紧张，而失去心情平静。但是，这种紧张恰恰是精神健康所不可或缺的前提。在这个世界上，我敢讲，能如此有效地帮助人们在最恶劣的逆境中坚持下来的，莫过于对生命意义的认识。尼采说过，知道为何活着的人，几乎能够忍受任何苦痛。这句话颇具智慧。在我眼中，它是适用于任何心理疗法的座右铭。在纳粹集中营，可以看到，那些相信自己尚需完成某种使命的人，最有能力生存。其他作者在描写集中营生活的著作中也持这种结论。而对日本、朝鲜、越南北方战俘营的心理调查都证明了这一点。

以我自己来说，在被关进奥斯威辛集中营时，我的一份准备付印出版的手稿被没收了。我决心从头写起。正是依靠内心深处这个强烈愿望的支撑，我才经受住了集中营的严峻考验。例如，有一次，在巴伐利亚的一所集中营里，我染上斑疹伤寒，病倒了。那些天，我就把想起的要点一一记在碎纸片上，以待自由后，重写那本书稿。我确信，在巴伐利亚那间黑暗的牢房里，正是凭着重新构思书稿的这个信念，我才战胜了心血管衰竭的危险。

由此可以看出，一定程度的紧张，是精神健康的基础。这种紧张是一个人已取得的成就和应完成的使命之间的张力，也就是一个人现在所作为的人与应作为的人之间的差距。这种紧张是人所固有的，因此，是精神健康所不可或缺的。我们应当毫不犹豫地用有待实现的生命潜在意义，向病人挑战，只有这样，我们才能把他们的意义意志从潜伏状态中唤醒。

生命的意义

关于这个问题（病人询问他的生命的意义是什么——本书作者注），医生能否笼统地回答，我表示怀疑。因为生命的意义因人而异，因时而异。因此，重要的不是泛谈一般的人生意义，而是要明白个人生命在具体时间的具体意义。笼统地讨论这个问题，无异于问象棋冠军："请问大师，哪步棋是世界上最妙的棋？"一盘棋如果离开棋局的具体形势以及对手的具体品性，就无从谈论什么是最妙的棋，甚至无所谓好棋。人的存在也是这个道理。我们所要寻求的不是抽象的人生意义。每个人都有自己的特定的人生使命或天职，要求他完成所赋予他的具体任务。在这一点上，每个人都是不可替代的，每个人的一生也都不能重复。由此说，每个人的使命都是独一无二的，每个人完成其使命的特定机会也是如此。

由于人生的每一种处境都是对人的挑战，是摆在人们面前要求解决的问题，所以实际上不妨把生命意义这个问题颠倒过来。归根结底，人不应询问生命的意义是什么，而是必须认识到正是生命本身向人提出了这个问题。简言之，人生向每个人提出了问题；而人必须对自己的生命负责，这样才能对人生做出交代；人只能以尽责任来回答人生。正因如此，责任二字，在意义疗法看来，包含了人存在的根本实质。

存在的实质

"认真对待生活，犹如你现在的生命已是第二次，犹如你曾虚度了前生，而现在，你即将重新来过。"意义疗法的这条明确的箴言，反映了它对责任的强调。在我看来，它最能激发人的责任。它催人猛醒：一，现在稍纵即成过去；二，过去犹可改变和补救。这一箴言引导人正视生命的有限，正视自己有限的生命的最终目标，即成为什么样的人,怎样度过一生。

在提倡人应负责任和必须实现生命潜在意义时,我想强调,要发现生命的真正意义应当到现实世界中去,而不是在人的内心世界寻找,仿佛自成一个封闭的系统。这个基本特性,我称之为"人存在的自我超越"。它意味着作为人,活着永远不是为了自己,而是为了某事或某人——而不论其是有待实现的意义,或是有待相遇的某个人。人献身事业或爱某个人,越是忘我,就越富有人性,越充分地实现自我。所谓自我实现根本不是一个可追求的目标,原因很简单,人越刻意追求自我实现,就离自我实现越远。换言之,自我实现只能是自我超越的附带结果。

(十九)稻盛和夫:活着的时候为世界做出贡献[①]

作者简介:稻盛和夫,1932年出生,日本实业家,是京瓷、第二电信株式会社(现为 KDDI)两家世界500强企业的创始人。稻盛和夫在1984年创立"稻盛集团",为培育新世代经营者不遗余力,其经营哲学被日本企业界奉为圭臬,被称为日本"经营之圣"。其代表性著作是《活法》,其他著作有《你的梦想一定能实现》《企业家成功之道》《人为什么活着》《追求成功的热情》等。下文节选自《人为什么活着》中的《人生的目的》。

人类开始真正感觉到自己活在世界上,具有了存在意识,一般来说,是在已经有了判断事物的能力之后。从出生到具有此种判断能力之前,人类并没有意识到自己活在世上。所以,在具有判断力之前,人类只能在双亲的保护下活着,一直到十二三岁,才开始懂得思考人生。

---

① 稻盛和夫著:《人为什么活着》,第70~72页,中国人民大学出版社,2009。

一 言说意义

虽然个别的情况有所不同,但大多数人开始思考人生,都会受父母或师长的影响,因为他们总是在我们耳边叮咛:"确立自己人生的目标,树立伟大的志愿,然后向自己的目标和志愿挑战。"大部分父母会为孩子规划"好好努力,考上好的学校,成为伟大的人物"这样出人头地的人生,孩子自己也是按照父母的期待而用功学习的。

书读得好的孩子就这样努力往前走,在不断为自己的出人头地而努力的过程中,很多人肯定这就是他的人生目标。但是求学过程不顺利的孩子会不断遇到挫折,万一考不上好的学校,他们就只能踏入社会开始工作。在一面工作、一面体验社会百态时,有人不禁开始思索:"只有一次的人生,与其过着长期灰暗的生活,不如让自己过得更有趣、更快乐、更特异一些。"

无论是哪一种人,在不知不觉中,年龄都在增长。而伴随着年龄的增长,不管是努力往出人头地方向冲刺的人,或是想过有趣、快乐、特异人生的人,慢慢地都会调整自己的人生目标。

为什么呢?因为他们开始感到死亡的威胁在逼近自己,也因此开始思索"为了活得长久一点,要注意健康了",接下来就开始将健康列为自己的人生目标。

只要和同辈的朋友们相聚,话题不外乎"吃这个有益健康""这种药比较有效""我最近得了这种病,你要小心哦!"或是"哪个医生好呢?"等,以显示他们花更多的时间在维持健康。不管是努力出人头地的人,或是那些追求有趣、快乐、特异人生的人,到了这个时候,对工作可以马虎一些,对健康却丝毫不敢大意。

所谓长寿,主要是指"肉体维持长时间的存在"。人类想要保护开始衰弱的肉体,让自己生存的时间长一点,多多少少就会忽略他人,变得自私和执着,心中开始出现这样那样的想法:"只要对自己有利的就是好的。"

理论上,人过了中年,应该是工作和人际经验都更臻于圆满,人格品质也随之提升到更高尚的境界才对,但没想到对健康与肉体的执着却取代了这种美好的成长。于是,人类开始沉溺于欲望,也因而带来了老迈与丑陋,当前的日本就充满了这种风气。

人类生活的方向本来就充斥着分歧,其实,天资优秀的孩子当然可以从小怀抱出人头地的想法,表现不尽如人意的孩子向现实低头,选择自己喜欢的方式来度过只有一次的人生也无可厚非。

但问题是,即便是出人头地、扬名立万,也只有在这一世呀!名誉、地位和财产,在我们往生以后,没有一样能带到另一个世界,连肉体也是留在地球上的。就像前面提及的,能带走的只有灵魂,也就是意识体而已。

再者,无论此生过得多么有趣、特异,死了以后也只能余留灵魂,如果那时灵魂只留在了一点点"这一生还挺有趣"的印象,我觉得这样的人生似乎也没有很大的意义。

我认为,人生的意义在于,当我们往生的时候,留下的灵魂或意识体具有真正的价值。活在世间获得的名誉、累积的财产及取得的地位,是否能成为灵魂的价值呢?或者度过有趣、奇特或波澜万丈的人生,是否就能提升灵魂的价值呢?我认为两者的答案皆是否定的。

亿万人类的灵魂共同追求的价值,应该是来自于活着的时候为这个世界做出多少贡献,亦即做了多少善行才是。

提升人性的品质,或者说磨炼人的灵魂,对人类而言是至关重要的大事。磨炼灵魂,使人的品质臻于完美,这才是人生真正的目的。脱离了这个目标,人活在这个世界上根本无意义可言。

因此,虽然依循任何模式都可以走完一生,但无论你走哪一种模式,都应该衷心理解,那是造物主为了提升你的人性而给定的路,并因此而感到满足。

我的想法是,如果父母能在儿女还处于小学时期,就明确地教导他们人生的最终目的是什么,相信每个孩子都会走向美好的人生。

出人头地也好,成功也好,只想过有趣、特异的人生也好,都只是人生的一种过程而已。人生真正的目的是成为一个有品质的人！

（二十）威尔·杜兰特：努力工作为包括我们自身的人类做贡献[①]

作者简介：威尔·杜兰特（1885～1981），美国著名作家，1968年获得美国"普利策"图书奖，1977年获得美国"总统自由勋章"，著作丰富。20世纪30年代，他就人生意义问题向美国及全世界上百位各界名人征询意见，汇成影响深远的名著《论生命的意义》。在介绍了各界名人的意见之后，杜兰特本人也对这一问题做出了自己带有总结性的回答。下文节选自《论生命的意义》中的《个人自由》。

那么，我可以说，这就是通向意义和满意的道路：加入一个整体，全身心地为之工作。生命的意义在于它能够给我们生产的机会，让我们为包括我们自身的更大的存在做出贡献。这种存在未必是家庭，造化以其盲目的智慧给每个人——即使是最单纯的人——都提供这种直接的、最宽阔的道路。这种存在可以是任何群体，只要它能够呼唤个人潜在的高贵品质，让他有一种可以追求的事业，即使他死去，这种事业仍然会继续。它也许是某种革命组织，男男女女都毫无保留地为之工作；它也许是一个国家，有伯里克利（古雅典首领——原书注）和阿克巴（印度莫卧儿帝国皇帝——原书注）这样的人倾注了全部的才华和生命；它也许是一件美丽的艺术品，可以浸润正在发育的心灵并泽被世世代代。但是，如果要赋予生命以意义，不管在哪一种情况下，它必须能够提升个人，让他走出自我，让他成为宏大蓝图的一个合作者。所谓意义与所谓满足的秘密在于要有一项明确的任务，让一个人投入全部的精力，使人生的内容比以往更丰富。

[①] 威尔·杜兰特：《论生命的意义》，第149页，江西人民出版社，2009。

二　活出意义

前面我们列举了古今中外从圣哲贤人到普通百姓关于人生意义的"言说",观念多多,这让我们大开眼界,深受启发。这些观点对我们确定什么样的人生目标,选择怎样的活法肯定有指导意义。

然而,真正要评价某个人的人生意义,事实上不是看他怎么说,而是看他怎么做,即看他怎么活,看他的人生实践。正如英国文学理论家特里·伊格尔顿所说:"人生的意义与其说是一个命题,不如说是一种实践。它不是深奥的真理,而是某种生活形式。它本身只能在生活中真正为人所知晓。"[①]"人生的意义不是对某个问题的解答,而是关乎以某种方式生活。它不是形而上的,而是伦理性的。它并不脱离生活——从某种角度看,人生的意义便是人生本身。"[②]

这其实是一个浅显的道理,用不着饶舌。人生意义不是"说"出来的,而是"活"出来的。因此,本节从实际生活中选择一些被社会广泛认可活得有意义的代表人物,看看他们到底是怎么活的。

这里选择的人物,没有声名显赫的政治家、军事家、思想家、科学家等,没有革命领袖和革命烈士,没有雷锋、焦裕禄等。没有选

---

① 〔英〕特里·伊格尔顿著:《人生的意义》,第92页,译林出版社,2012。
② 〔英〕特里·伊格尔顿著:《人生的意义》,第93页,译林出版社,2012。

他们的原因在于,他们已经是公认的、有定评的活得有意义的人,作为人生榜样,通过教育,他们已经深深地植根于我们的意识结构之中,因此无须赘言。笔者选择的多是平民百姓,意图在于把"人生意义"问题从专家学者玄奥的学院思辨中解放出来,放回生活,放回日常,放回平民。书中所选的这些"平民"的所作所为,普通读者可以理解、可以接受、可以学习、可以效仿。他们身份卑微,但都有亮光,他们是平凡中的不平凡,普通中的不普通。笔者在转述、记录他们人生业绩时每每深受感动,心中慨叹:还讨论什么人生意义?!看看他们怎么活就知道了。

需要向读者说明的是,书中选的 30 个"个案",并不具有非此不可的必然性,而是具有随便可以替代的偶然性。也就是说,选择这 30 个,是恰恰在写作时他们不期然地被我"发现",自然而然地走到我面前了,因此我就"随机"地选择了他们。类似他们的人物何其多也!他们的人生都有价值,都有意义,都很典型,都让人感动。这类人物,在历史中,在现实中,在书本里,在你身边,或者你就是。他们和我们相似、相近、相通,看看他们,想想我们,该怎么活,心中就豁然明白了。

当然,我们的思想境界目前或许还没有他们那么高,但是,"虽不能至,心向往之",有他们在我们眼前,我们就不迷茫,就知道该往哪里走,知道该怎么活,这就够了。榜样的意义就在这里实现了。

(一)张正祥:三十年艰苦卓绝保卫滇池的农民[①]

张正祥,男,云南人。"中国十大民间环保杰出人物"称号获得者、中国环境科学学会会员、云南省昆明市西山区碧鸡镇人大代表,"感动中国 2009 年度人物",2011 年入选国家形象片。

---

① 根据网络相关材料编辑。

为保护滇池，自20世纪80年代初期开始，张正祥已环绕滇池整整行走了2000多圈，行程30多万千米，经过艰难的调查取证，硬是告倒了160多家环滇排污企业、100多个各级官员和240多名老板，赶走70余家大型采石场和多个房地产项目。他为此付出的代价是妻离子散、穷愁身残。张正祥说："我的动机很简单：西山是我的父亲，滇池是我的母亲。为了父母，我可以付出一切。"

滇池周边的山脉蕴藏着丰富的森林资源和丰富的磷矿、石灰石资源，20世纪80年代初期，人们片面追逐经济利益，采矿、采石、取土点如雨后春笋般冒了出来，最多时竟达40多个。每天爆破声、机械的轰鸣声响个不停，运输车辆往返不断，不久就把西山挖得面目全非。进入90年代，随着滇池周边山体的开发，滇池的污染也在加剧。滇池的水质很快超过了国家规定的Ⅵ类水标准，属于重度污染，滇池里的鱼类也基本灭绝。

张正祥看在眼里，痛在心里，他决心与这些破坏滇池的人斗争到底，以实际行动保卫家乡，保卫环境，保卫滇池。

1980~1983年，在保卫西山的护林斗争中，他奋起与盗伐森林的山贼展开搏斗，用一条左腿被砍成重伤的代价换得了西山大森林的安宁。

1984~2000年，在保护滇池、治理和消灭蓝藻的科学试验中，他将自己承包的9340多平方米的荒滩和水淹田，变成了"A系统多功能高快循环灭藻工程新技术"项目研究试验基地。

1991~2003年，他走遍了滇东北的万水千山，为制止"四大危害"对滇池的污染、破坏做出了自己的贡献。

2001年5~12月，他多次奋起同手握权力、疯狂毁林的老板们展开震惊全省的殊死大搏斗，最后用伤痕累累的身体和承包田被没收的代价，换来了滇池风景区部分土石矿点的封停。

2002年1~8月，他再一次与手握大权，疯狂毁林开矿、取土、采石的毁灭性破坏滇池的高官和老板们，展开了震惊国家环保总局和国家建设部的殊死搏斗,最后用骨碎身残的惨重代价,换来了2002年8月2日第三次滇池风景区土石矿点封停的重大胜利。

2002年8月2日至2003年1月18日,为保卫滇池,他再一次与高官和集团企业老板们展开搏斗。《人民日报》为此发表了《是谁让"睡美人"遍体鳞伤》的报道,并于2003年8月8日,在国务院总理批示和国家环保总局、国家建设部的全力支持下,最终换来了坚决取缔和全面封停滇池、西山风景名胜区和滇池自然保护区33个大、中型开矿、采石场和所有采砂、取土点等震撼全国的重大环保胜利。

30多年来,为保卫滇池,张正祥付出了惨重的代价,他花光了所有积蓄,还欠债几十万元;他妻离子散,大山为家;他一再遭声称被他"断了财路"的人的追杀,以致右眼失明,右手残疾,还落下严重胃病。

如今,张正祥已经是一个60多岁的老人,身体急剧衰老,面对愈显艰难的生存处境,很多人问他:"后悔吗?"或者:"您现在岁数也大了,很多事情已经力不从心,想没想过停下来呢?"张正祥想了想说:"哪个老人不想过安安稳稳的日子呢?说句老实话,像我这种坎坷了一辈子的人,尤其渴望。但我总怕稍一松劲,那些破坏环境的行为就会卷土重来。不过,让我觉得有一点欣慰的是,我当选了'感动中国十大人物',已经引起了社会上很多人对生态的重视,以前是我自己在做这些事,现在有很多人帮助我,越来越多的人开始注意自己周围的环境,开始保护生态。其实,不是我感动了中国,而是13亿中国人感动了我!"

"感动中国"评委陈锡添给张正祥的评语是:一个农民,为了国家和人民的利益,为了保护滇池,他不惜牺牲全家的利益,更不惜付出骨碎身残的代价,这精神何等宝贵!濮存昕评委的评语是:面对贪婪、愚昧和凶残的困境,他坚持信念,用勇敢、不屈不挠的斗争证明,热爱祖国的山山水水不是一句空话,他是中国真正的环保大使。

"感动中国"给张正祥的颁奖词是:"五百里滇池横遭涂炭,三十年抗争一身独往。这是一个农民的行动,最朴素的念头支撑他绝不让开。已经负债累累、骨碎身残、妻离女散、家破人亡,可偏偏劝不住、吓不怕、打不倒、买不动,他是响当当的张正祥。"

(二) 叶青:连续多年呼吁并上书"两会"促公车改革①

50岁的叶青,有三个公开角色:官员,教授和人大代表。

身为湖北省统计局副局长,他被网友评为"最敢说话的官员""最具个性的官员",因他有一套"三不主义"——不拒绝采访,不拒绝讲座,不拒绝约稿,常因"狠言论"而闻名。

身为两届人大代表,他连续8年给全国"两会"上书,要求进行公车改革,并身体力行,拒绝了本可享受的副厅级干部专车待遇,自己买了辆夏利车开。虽遭受了不少非议,他仍我行我素,甚至会走路和骑车去上班、开会。

身为中南财经政法大学财税学院教授,他一点都不"高深",喜欢用苹果产品,如苹果笔记本、苹果手机,对手机拍照和发微博这种年轻化的事情,都非常在行。

连续20年关注公车改革

早在1993年,还是中南财经政法大学教授的叶青,就已盯上了公车改革。那一年,国务院办公厅明确规定"部长级和省长级干部按一人一辆配备专车;现职副部长级和副省长级干部,保证工作用车和相对固定用车"。

但事实上,中国的乡镇一级干部就有自己的专车。"公车费用严重畸形,竟占到了整个行政经费的四分之一。"叶青略带复杂的

---

① 资料来源:中国网,2012-03-07。

表情说,"其实,我很早就想提出这个问题了。只是,我一直在等待一个时机。"叶青所谓的时机终于到了。

2003年,他从中央财经大学调任湖北省统计局副局长,还首次当选了全国人大代表。2004年,叶青第一次在全国"两会"提交车改议案,之后却杳无回音。2005年,叶青修改了建议并结合自身的车改经验再次提议,国家发改委礼貌性地给了他一个较笼统的答复,依旧不能令人满意。2006年,叶青开始开通博客,每天稍有空隙就发一篇博文,至今写了2000多篇。渐渐地,人们对公车改革以及对叶青本人的关注开始增多。"2008年'两会'后的一天,中纪委突然给我来了电话,我还被吓了一跳呢。"叶青说,"原来,他们终于决定要考虑我的公车改革建议了。"2009~2012年间,叶青每年都会提一两个关于公车改革的话题,并表示将会一直关注下去。

人人都承担一些公车花销,让特权阶层变少

为什么叶青会执着于"公车改革"的话题?从教授转型为局长的他会告诉你这个答案。

2003年,有那么一组数据摆在新上任的叶副局长眼前:全国公车消费年均开支约2000亿元。一些地方光是花在单辆公车维修上的开销,每年就多达10万多块钱,而更换轮胎的数量更是令人跌破眼镜,一部公车竟要40多个轮胎。

"太浪费了!"叶青认为,"要是每个人都行动起来,自行承担一些公车的花销,那么每年政府就可以省下很多钱,投入到其他更需要的地方,比如最近一直在提的校车。'减公车,增校车',未必不可行。"

这么些年来,叶青一直在关注车改。"基本上每年我都会提一个跟公车有关的话题。"叶青说,"车改的问题归根到底,就是补贴的问题。科级干部能否补贴800元甚至1000元?这样才可能逐渐取消一个特权阶层。"

每年的全国"两会"召开前夕,叶青都会挤出一部分时间花在调研上。叶青特意给自己做了一个会前调研计划,他以全国人大代表的身份奔波多地,切身考察了湖北的发展情况。

会前两个星期,他先从武汉出发,驱车前往潜江。下午开会,晚上出差,叶青说时间的统筹分配很重要,"该节约的时间不要无谓浪费"。

他赶赴湖北的潜江、汉川、红安三地进行考察,当晚又直接赶回武汉,马不停蹄为接下来的工作做准备,"一包饼干,一口水,就能解决路上的一餐。"叶青说,百闻不如一见就在于此,只有切身去"一线"体会和调研,才能做出真正好的"两会"议案。

如果我是普通教授,喊一百遍车改也没人关注

执着于公车改革的叶青,对车有一种特殊的热爱。原来,在生活中,他是一个汽车发烧友,年轻时候的叶青还参加过摩托车俱乐部。

或许从某种程度上来说,叶青对车改的专业性建议之所以备受关注,很可能源于他这种天然爱车的特质。

"我对车原本就很了解,当了统计局副局长之后,最大的便利就是我可以用官员的身份,去实践公车改革。如果我没有这个级别,不能享受到配公车的待遇,别人可能会觉得你这是纸上谈兵。"

同时,叶青似乎也很"享受"自己当代表的身份。"我不避讳自己喜欢出名。因为我感谢有'官员'这顶帽子扣在我头上。"叶青说,"如果我只是个普通的教授,我喊一百遍车改也只能是理论上的学术研究,他们不会关注我的呼声。"

"正因为我既是官,同时又是教授和人大代表,多倍的影响力才可能换来一丝重视。"叶青认为,如果仅仅是官员提出一些见解,难免会受到议论和冷眼,解决不了问题。"我这样出名,是为纳税

人节约钱财,这是人大代表的责任。"

叶青对自己开私车似乎显得特别满足,他也很享受这种自由。"我上下班开车只需 25 分钟,很方便,尤其是避开早高峰时段的时候。平时要是在自己家附近,我更喜欢骑自行车。"

叶青喜欢远足,经常自驾游。他也喜欢走路,在微博上他提出了"微锻炼"这个概念。

"我留意到一个现象,一直觉得很惋惜。不少地方官员去开会,就十分钟的路程却还要开着公车去。不知道这是不是现在中国官员的普遍心态,很怪。"一般这种情况,叶青称自己更乐意骑个自行车直接停在大院里,甚至走路去开会,"没有什么丢脸的。恰恰相反,因为我觉得这是一次走路锻炼的好机会。"

"知足常乐,开心地做每一件事。"叶青说,自己对人生的态度很简单,他在生活中更看重是不是开心,"我喜欢转发一些好玩的微博,很有意思。"

(三) 王顺友:几十年如一日行走在青藏高原大山中的邮递员[①]

王顺友,男,苗族,四川省木里藏族自治县人,中共党员。1965年出生,四川省凉山彝族自治州木里藏族自治县马班邮路投递员。

王顺友 2001 年被四川省邮政局评为劳动模范;2001 年成为"全国五一劳动奖章"获得者;2005 年,四川省委授予他"优秀共产党员"称号,国家邮政局授予他"全国邮政劳动模范"称号;2005年,中华全国总工会授予他"全国劳动模范"称号,这一年他还被评为"感动中国"十大人物之一。

1984 年,年仅 19 岁的苗族小伙子王顺友从当乡邮员的父亲

---

① 本书编写组编:《100 位新中国成立以来感动中国人物》,北京工业大学出版社,2009。

手里接过了马缰绳,子承父业,成为一名普通的马班邮路乡邮员。四川省藏族自治县地处青藏高原东南缘,这里高山绵延起伏,全县海拔在5000米以上的大山有20多座,平均海拔3100米,生活和工作条件十分艰苦。王顺友担负着县城至三个乡的邮件投递工作,这条邮路往返360公里,他每月两个邮班,一个邮班来回14天,也就是每月28天要徒步跋涉在这苍茫的大山中的邮路上。24年来,他在这条山路上送邮行程达26万多千米,相当于走了21趟两万五千里长征;24年来,他没有延误过一个班期,没有丢失过一封邮件,投递准确率达到100%,将邮政普遍服务延伸到一个个偏僻的乡村,延伸到偏远的藏区山寨。

在这条险象环生、气候恶劣的邮路上,王顺友牵着一匹骡马运送着邮件奔波往返,往返必经之处都是人烟稀少、环境险恶的地方。其中必经之地察尔瓦山,气候条件异常恶劣,一年中有6个月冰雪覆盖,气温只有零下十几度,而一旦走到海拔1000多米的雅砻江河谷时,气温又高达40多度,酷热难耐。从白碉乡到倮波乡,还要经过当地老百姓都谈之色变的"九十九道拐"。这里拐连拐,弯连弯,山路狭窄,抬头是悬崖峭壁,低头是波涛汹涌的雅砻江,稍有不慎,就会连人带马摔下悬崖掉进滔滔江水中。就是这样的山路,这样异常的气候,王顺友一声不吭地顽强坚持了20多年。路途中,他饿了就啃几口糌粑面,渴了就喝几口山泉水或吃几块冰,冬天一身雪,夏天一身泥。当万家灯火、家人团聚的时候,王顺友只能一个人蜷缩在山洞、牛棚、树林里或露天雪地上,只有骡马与他相伴,独自忍受着常人根本无法想象的漫漫孤独和寂寞。

可是在这条路上,没有人比他更顽强、更乐观,他苦中作乐,以苦为乐。唱山歌是他的爱好,每当孤独寂寥时,他便扯开嗓子唱起来;除了唱山歌外,他还爱好喝酒,为的是驱寒暖身。在这样的生活状态下,王顺友患上了头痛、风湿、胃病、肝病,这些都是常年跑马班的邮递员的通病。

二 活出意义

　　由于常年在外奔波,王顺友无法顾及家庭,家务只好交给妻子和孩子。

　　这就是王顺友,在干好本职工作,给闭塞的大山带来传递着外面世界消息的报纸和信件时,也经常帮乡亲们代买些盐、茶、药品,也曾自掏腰包从城里带来水稻良种、蔬菜良种,让原本食物单调的山民们冬天也能吃上蔬菜。

　　这就是王顺友,无论怎样艰苦的工作环境,面对多么巨大的困难,即便被狼追踪、被劫匪拦截,即便命悬一线,甚至忍受比死亡还要可怕的孤独,这个外表矮小、瘦弱的男子汉都会顽强地扛下来。当面对国家给予的莫大荣誉时,他依然不忘记自己的本职,不忘记父亲的教诲,毅然选择回到马班邮路,沿着马路一直走下去。

　　20多年的邮路生涯,20多年的平凡人生,王顺友凭着对生活的热爱,对工作的执着,用自己的脚一步一步丈量工作的艰辛和快乐,在平凡中铸就伟大。当记者问他最大的心愿是什么,他诚恳地说:"希望木里乡乡通公路,以后的邮递员就不用像我一样牵着马天天爬山了。"

　　"他朴实得像一块石头,一个人一匹马,一段世界邮政史上的传奇。他过滩涉水,越岭翻山,近邻尚得百里远,世上最亲邮递员。"这是"感动中国"给他的颁奖词。

(四)李桂林、陆建芬:在彝族山寨撑起"天梯学校"的夫妇俩[①]

　　李桂林、陆建芬为夫妇,二人均为彝族,四川省汉源人,均为凉山彝族自治州甘洛县乌史大桥乡二坪村小学教师。

　　2009年2月5日晚,中央电视台"感动中国2008年度人物"

[①] 本书编写组编:《100位新中国成立以来感动中国人物》,北京工业大学出版社,2009。

评选揭晓,彝族李桂林、陆建芬——这对扎根大凉山悬崖绝壁之上的彝寨18年,撑起"天梯学校"的夫妇,当选为"感动中国2008年度人物"。

夫妻二人工作的二坪小学建在四川省凉山州甘洛县乌史大桥乡大渡河大峡谷一侧海拔2800米的二坪山上,这里是大凉山最边远、最艰险的彝族山寨,居住着60多户、430多名彝族群众。要进出这所建在悬崖上的学校,上下要爬5架、20多米的木制云梯。1990年,二坪村停办十几年的小学准备复课,但当地都是彝族群众,平时交流说彝语,不会普通话,而找会说彝语的老师非常困难。1990年秋,雅安市汉源县乌斯河镇的李桂林放弃原先待遇优厚的工作,受聘到二坪村当代课教师。

走进二坪村,一片凄凉的景象映入他的眼帘:老大爷们光着脚,披着羊皮披毡,叼着烟斗;老大娘们身披羊皮披毡,背着孩子,衣服破烂;七八岁的孩子不论男女,大都光着屁股,晒得黝黑发亮;他们住的大都是茅草屋。李桂林后来对人说:"看到那个场景,一股莫名的心酸让我落泪,大家都是人,都是有血有肉的中国人!即将进入21世纪,我们的同胞还如此贫穷,在强烈的同情心和民族责任感的驱使下,我坚定了扎根二坪村搞教育的决心。"

翌年,学校打算增加教学力量,再物色一位代课教师,乡党委和政府把这个任务交给了他。他找了许多同学和朋友,他们不但不来,还劝他:即使有转正的机会,一个月才100元,连零花钱都不够,不如挣点现钱养好老婆儿子。眼看就要开学了,他灵机一动,打起了高中毕业的妻子陆建芬的主意,可话一出口就遭到反对。最后,在岳父(退休教师)的大力支持下,他如愿以偿。出发那天,他背着背包,妻子背着两岁多的孩子,经过绝壁上一次次的惊吓,走到学校时天色已晚,妻子已筋疲力尽。晚上,陆建芬眼泪汪汪地数落李桂林:"放着好日子不过,偏偏到这鬼地方来受苦,这有啥好?你来冒险不说,把一家人都搭上,你安的什么心?"李桂林说,

二　活出意义

二坪村是峡谷之上的世外桃源,民风淳朴,村民特别敬重老师,在这里工作有转正机会,虽然辛苦,却能实现夫妻俩的人生价值。

当时夫妻俩都是代课教师,工资少得可怜,经济极其拮据。他们自己种菜、养鸡、喂猪,解决生活问题。当山上种不出菜时,他俩只能连吃几个月的干酸菜。他俩白天教课,晚上在油灯下批改作业,周末的时候自己动手改建学校。经过十几年的奋斗,校舍从原来的茅草屋变成了砖瓦房。因为教学任务重,他们没有时间照看儿子和老人,儿子不小心摔伤了手,由于离卫生院太远,延误了医治时机,还留下了后遗症。

1995年是李桂林夫妇一生中最难忘的一年。当时,陆建芬生第二个孩子快满月时就开学了,她只得背着孩子赶到二坪村。因为行走时间太长,陆建芬患上了妇科病,一直没有治愈。还有一件无比惊险的事:夏季的一个雨天,课间十分钟,孩子们都在屋檐下躲雨,雨水将支撑屋檐的三根木柱下方的泥土泡松了,其中一根木柱开始下沉,李桂林见势不好,跑过去抱住木柱,旁边年龄大一点的学生也帮忙抱住柱子,陆建芬忙与学生抬来石板,垫到木柱下,才避免了一场教室垮塌的灾难。想起这事,李桂林至今还心有余悸。

18年来,他们把全部精力和时间都放在了二坪村的彝族孩子身上,每次放学、上学,李桂林夫妇都要把一个个孩子从悬崖、云梯上背上背下。这所悬崖上的学校从未发生过一起学生伤亡事故,而他们和自己的两个孩子却只能在寒暑假的时候见上一面。他们采用彝、汉双语教学,使这个彝寨的孩子们能够走出大山、走向社会。后来,面对记者,一个孤寡老人说:"我们二坪,1957年就有了规范的彝文,李老师夫妻来后,二坪的彝文有人教了,李老师他可是一个大好人。"

而今,转正后的李桂林每月有800多元工资,而陆建芬因为没有指标,至今还是代课教师,每月工资只有230元,家里欠债万余元。

2001年,李桂林以最高得票当选为乡人民代表,就在代表们鼓励他继续参加竞选的时候,为了二坪村的孩子们,他选择了放弃。

18年来,他们共培养了6届、149名学生,其中22人是从外村慕名而来的。李桂林本人两度被评为县优秀教师。现在,他们夫妻教两个班,共80名学生。如今,这个昔日的"文盲村""穷山村"变成了"文化村"。

2007年,李桂林被授予"全国模范教师"荣誉称号。

"感动中国"评委员会给他夫妇的颁奖词是:"在最崎岖的山路上点燃知识的火把,在最寂寞的悬崖边拉起孩子们求学的小手,18年清贫、坚守和操劳,沉淀为精神的沃土,让希望发芽。"

获奖后接受记者采访时,李桂林说:"我们是平平凡凡的山村教师,这个'感动中国'奖属于天梯上悬崖小学的孩子们,属于大凉山的贫困山区。对于大凉山贫困山区来说,我们太平凡了,我们是农民的儿女。贫困山区要改变落后的面貌,改变下一代人不要像他们父辈一样没有文化,甚至不认识自己民族的历史现状,必须靠教育。为了培养出本民族的接班人,只要我爬得动,就要上山教孩子们。"

(五)王万青:自愿离开上海到甘肃藏区当了一辈子医生[①]

王万青,男,汉族,上海人,中共党员,甘肃省甘南藏族自治州玛曲县人民医院外科主任医师。2003年退休。

1968年,王万青从上海第一医学院毕业后,自愿到条件极为艰苦的甘南州玛曲县工作,在贫穷落后的玛曲草原一待就是42

---

① 根据网络相关材料编辑。

年,其间,他放弃了多次回上海的机会,凭着对玛曲人民、对藏族同胞的深厚感情,艰难地通过了生活关、语言关,毅然选择长期留守在高原。40多年来,他视藏乡为故乡,视牧民为亲人,克服重重困难,全心全意为牧民群众解除病痛,得到了广泛的尊敬和爱戴,书写了一段藏汉人民水乳交融的民族团结佳话。

王万青在阿万仓卫生院的20余年时间里,每年接诊病人3500余人次(当时阿万仓乡总人口3400余人),20年累计接诊7万余人次,累计手术上万例,在当时医疗设备不足、乡卫生院基础设施极其简陋的条件下,他以精湛的医术,以一名医生高度的责任心成功救治了无数个生命垂危的患者。在任阿万仓乡卫生院院长的10年中,他建立了全乡3000余人的门诊病历,使全乡90%的牧民有了健康档案,为开展牧民发病情况分析和提高救治质量奠定了良好基础。调到玛曲县人民医院后,他开展的许多手术填补了玛曲高原外科手术的空白。

王万青高度重视高原疾病预防控制工作,为此,他和藏族妻子凯嫪一起起早贪黑,逐一给当地牧民实施预防接种。他曾背着X光机、心电图机,骑马去冬窝子(冬季定居点)为牧民进行健康体检。1981年他一人独立完成了全乡布病普查任务,因阿万仓乡地域黄河上没有桥也无渡船,为了开展计划免疫,他曾经抓着马尾巴冒险来往黄河两岸。1985年阿万仓乡"四苗"接种率达到85%,成为当时玛曲县至甘南州计划免疫工作的先进典型。

现在他的家人全都生活、工作在这片土地上,可以说他把一生都奉献给了这片草原,奉献给了玛曲的卫生事业和这里的人民。如今虽然退休了,但他仍然经常指导县医院的外科手术,并经常在家里给上门的藏族群众治病,群众亲切地称他为"草原曼巴(好医生)"。他的这种扎根玛曲高原,情系医疗卫生事业的无私奉献精神,在玛曲草原从20世纪80年代开始到今天被传为佳话。

王万青的感人事迹感动了当地群众,感动了社会,感动了中国,他被评为"感动中国"2010年十大人物之一。评委会给他的颁奖词是:"只身打马赴草原,他一路向西,千里万里,不再回头,风雪行医路,情系汉藏缘。四十载流年似水,磨不去他对理想的忠诚。春风今又绿草原,曼巴的故事还会有更年轻的版本。"

(六)谢延信:早年丧妻,无怨无悔伺候岳父、岳母和智障内弟几十年[①]

谢延信,男,1952年出生,河南滑县人,河南焦作煤业集团鑫珠春工业有限责任公司机电科工人。

1973年,滑县小伙刘延信与同村姑娘谢兰娥喜结良缘,婚后幸福美满。然而,天有不测风云,第二年7月,产下女儿仅40天的谢兰娥因病撒手人寰,临终前她一遍遍嘱咐丈夫要好好照顾自己的爹妈和智障的兄弟。望着痛不欲生的两位老人,想着爱妻临终时的嘱托,善良的延信扑通一声跪在两位老人面前:"爹,娘,兰娥不在了,俺就是你们的亲儿子,你们有病俺伺候,百年以后俺送终!"

这一跪,跪出了33年的真情与责任,跪出了33年的忠贞与孝心,跪出了一个大亲至爱、感天动地的谢延信(为了表达真情,刘延信后改姓为谢)。

1979年岳父患重度脑中风,再也没有站起来。一老,一瘫,一傻,一幼,家庭的重担全部压在了谢延信的肩上。岳父大便干结,他用手往外抠;岳父喜欢听豫剧,他省吃俭用买了一部收音机;岳父喜欢听武侠小说,他借书读给老人听。他帮老人按摩、翻身、擦洗、活动,老人心情不好骂他,他一笑了之,从不计较。岳母体弱多病,谢延信想方设法为老人买补品补养身体。老人有个头疼脑热的,他就守在病床前喂水喂饭、端屎端尿。内弟先天呆傻,经常外

[①] 王向阳主编:《当代中原魂》,河南人民出版社,2009。

出后不知道回家,谢延信总是满大街找。有时内弟解大便弄得满身屎,谢延信就哄着他换洗衣服,从不厌烦。

为了省下钱给老人治病,补充营养,谢延信直到患脑出血住院前,没有为自己花过一分钱看病。4元钱一双的塑料鞋,他补了又补,一穿就是6年。一件衬衣白天穿脏了晚上洗洗,第二天再穿,整整穿了10年。妻子去世后,为了照顾这个家,谢延信一直没有续弦。通情达理的岳母既欣慰又愧疚,一次次劝他走,劝不动就骂,边骂边往外赶。上天不负有情人,谢延信的善良和真情最终打动了一位善良的农家女——谢粉香,她心甘情愿走到了他的身边,并与他一同撑起这个艰难的家。

谢延信不是钢,不是铁,他老了,他病倒了,但他的意志没有垮,孝心没有变,责任没有失,良心没有丢,他隐藏起最沉重的哀愁,担负起让希望生生不息的重任。

谢延信的事迹经新闻媒体报道后深深感动着中国老百姓,一说起孝敬老人,大家就要和谢延信比较,教育孩子也拿他做榜样。2007年,谢延信获得"全国五一劳动奖章",并当选"感动中国"矿工十大杰出人物;2007年9月,谢延信被评为"全国孝老爱亲道德模范";2008年2月,谢延信被评为"感动中国2007年度人物"。"感动中国"组委会授予谢延信的颁奖词是:"当命运的暴风雨袭来时,他横竖不说一句话,生活的重担压在肩膀上,他的头却从没有低下!用33年辛劳,延展爱心,信守承诺。他就像是一匹老马,没有驰骋千里,却一步一步地到达了善良的峰顶。"

(七)白芳礼:靠蹬三轮车捐资助学35万[①]

白芳礼(1913~2005),男,汉族,河北省沧州市人,生前是天津

[①] 本书编写组编:《100位新中国成立以来感动中国人物》,第61~62页,北京工业大学出版社,2009。

市河北运输场退休职工。

白芳礼这位平凡老人,十几年如一日顶风冒雨奔波在街头,省吃俭用,用蹬三轮车积攒的35万元钱资助了近300名贫困学生。

白芳礼从小没念过书,一辈子也不识几个字,祖辈贫寒,13岁起就给人打短工。后来,他因日子过不下去逃难到了天津,流浪儿年后当上了三轮车夫,靠起早贪黑蹬三轮车糊口度日,经常挨打受骂,让人欺负,再加上苛捐杂税的盘剥,一年到头都填不饱肚子。中华人民共和国成立后,白芳礼靠自己的两条腿成了为人民服务的劳动模范,也靠两条腿拉扯大了自己的4个孩子,其中3个上了大学。同时,他还供养着20岁就守寡的姐姐,并支援侄子上了大学。一个不识字的老人,对自己能用三轮车蹬出一条汗水之路,把子女培养成大学生感到无比欣慰。老人的儿子回忆说,父亲虽然没文化,但喜欢知识,特别喜欢有知识的人,从小就教导他们好好学习,谁要学习不好,他就不高兴。1974年,白芳礼从天津市河北运输场退休后,曾在一家油漆厂"补差"。1982年,老人开始从事个体三轮客运,每日早出晚归,辛劳奔波,攒下了一些钱。

1987年,相当于蹬着三轮车绕了地球几十圈的74岁的白芳礼正准备告别三轮车时,一次回老家的经历使他改变了主意,并重新蹬上三轮,开始了新的生命历程。

"娃儿,大白天的你们不上学,在地里泡啥?"白芳礼在庄稼地里看到一群孩子正在干活,便问他们。娃儿们告诉这位城里来的老爷爷,他们的大人不让他们上学。这是怎么回事!他找到孩子的家长问这究竟为啥。家长们说,种田人哪有那么多钱供娃儿们上学。老人一听,心里像灌了铅,他跑到学校问校长,收多少钱才能让孩子们上学。校长苦笑道,一年也就百儿八十的,不过就是真有学生来上学,也没老师了。老人不解,问为嘛没老师。校长说,还不是工资太少,留不住呗!这一夜,老人辗转难眠;家乡那么贫困,就是因为庄稼人没知识。可现今孩子们仍然上不了学,难道还要让家乡一辈辈穷下去？不成！其他事都可以，孩子不上学这事不行！

在家庭会上，白芳礼老人当着老伴和儿女们宣布："我要把以前蹬三轮车攒下的5000块钱全部交给老家办教育。这事你们赞成还是反对都一样，我主意已定，谁也别插杠了！"随后，老人便分两次将5000元捐给了家乡白贾村，建立了一个教育奖励基金会。村里人为了表示谢意，将一块写着"德高望重"的大匾送到了白芳礼家。那以后，老人又蹬上了三轮车，像往常一样，儿女们在老爷子出门前，都要给他备好一瓶水、一块毛巾，一直目送他到街尽头。白芳礼呢，一切虽依然如故，但心里却比过去多装了一样东西，就是孩子们上学的事。

白芳礼还特意在自己的三轮车上挂起了一幅写着"军烈属半价、老弱病残优待、孤老户义务"字样的小旗，公开宣布对部分乘客实行价格优惠。

1994年，时值81岁高龄的白芳礼在一次给某校的贫困生们捐资的会上，把整整一个寒冬挣来的3000元钱交给了学校。校领导代表全校300余名贫困生向他致敬。老人一听这话思忖起来：现今家里缺钱上学的孩子这么多，光靠我一个人蹬三轮车挣的钱救不了几个娃儿呀！何况我也老了，这可咋办？后来，他就和儿女们商量把家里的两间老屋卖了，再贷点款办个公司。于是全国唯一的一家"支教公司"——天津白芳礼支教公司宣布正式成立了，地址就在紧靠火车站边划定的一块小地盘上。开业伊始，他对受雇的20来名员工非常简明地说了办公司的宗旨："我们办公司要规规矩矩挣钱，挣来的钱不姓白，姓教育。所以有一分利就交一分给教育，每月结算，月月上交。"

就这样，白芳礼做了"董事长"，可是他照常蹬三轮车，并且为自己规定了每月收入的指标，即每天要挣30～40元。"我还是像以前一样天天出车，一天总还能挣回个二三十块。别小看这二三十块钱,可是十来个苦孩子一天的饭钱呢!"这就是一个耄耋老人的精神世界。他尽自己的全部所能,照亮了一片天空,温暖着许许多多的学子。

白芳礼老人每月都把自己省下来的钱拿到附近的学校给困难的学生当生活费,而已是风烛残年的他,却过着极为俭朴的生活。他蹬三轮车的时候,看起来像个乞丐,穿的衣服、鞋、袜子都是捡来的,从头到脚、从里到外,穿的东西没有一件是花钱买的。他吃的也极其简单,经常是两个冷馒头加一瓶凉水,就一点点咸菜。由于拉车的工作性质,白芳礼老人走到哪儿就睡在哪儿,一张报纸往地上一铺,一块方砖往后脑一放,一只帽子往脸上一掩,就睡了。为了能多挣一点钱,老人已经好多年不住在家里,特别是老伴去世后,他就以车站边的售货亭为家,所谓"床",只不过是两摞砖上面搁的一块木板和一件旧大衣。冬天寒风刺骨,夏天骄阳似火,在一层薄薄铁皮的售货亭里,老人度过了一个又一个酷暑严冬。

就这样,老人每月都给天津的几所大学、中学、小学送去数额可观的赞助费,这些赞助费实际上就是他的"支教公司"全部的税后利润。他把这些钱都送过去,支援贫困孩子读书,可是谁能想到他送去的每一分钱,都是一脚高一脚低踩出来的,是他每日不分早晚,栉风沐雨,用淌下的一滴滴汗水积攒出来的,是多么来之不易、来之艰辛!

老人走后,他的事迹被媒体报道,感动了无数中国人,他无私奉献的精神教育着千千万万的国人!

(八)何玥:主动捐献器官的小女孩儿[①]

何玥,女,12岁,广西桂林人,小学生。2012年4月,何玥即将小学毕业,却被查出患有高度恶性小脑胶质瘤,住院进行了第一次

---

① 根据网络相关材料编辑。

手术；9月初,病情突然复发二次入院,肿瘤已扩散至脑部组织。当听说自己的生命只剩三个月时,她决定将自己的器官捐献给需要的人。

那天,何玥对刚打工回家的父亲说的第一句话是:"爸爸,我想把器官捐出去,行不行?"吓了一大跳的父亲把何玥骂了一顿,因为按桂林老家的风俗,人死后尸体被剖开无异于大逆不道。何玥哭了,她说,她只剩下三个月的生命,她希望能尽自己的能力给别人生的希望。由于是何玥最后的诚挚心愿,全家最终同意了孩子的想法,决定帮助她完成遗愿。

2012年11月17日凌晨0时10分,小何玥在医院里走完了短短12年的人生路。凌晨4时,她的两个肾被送到解放军第181医院捐给了两名患者,她的肝也救助了需要的病人。

在旁人眼里,何玥一直是个品学兼优、有爱心的孩子。家里满满一面墙贴着"三好学生"之类的荣誉奖状。2008年汶川地震时,她曾让父母捐出一个月的工资。被查出脑瘤后,学校为她捐钱,她却要把钱捐给更需要的人……

为了给小何玥治病,何玥父母已经欠下了10万元的债务。但为了完成女儿的遗愿,他们拒绝了器官捐献的补贴,也从未找过接受何玥器官救助的患者。他们想以最美的方式,实现女儿的"最美愿望"。

何玥小小年纪却做了许多大人都难以做到的事情,她的崇高精神感动了知道她事迹的所有人。何玥被评为"感动中国2012年度人物",评委给她的颁奖词是:"正是花样年华,你却悄然离开。你捐出自己,如同花朵从枝头散落,留得满地清香。命运如此残酷,你却像天使一样飞翔。你来过,你不曾离开,你用平凡生命最后的闪光,把人间照亮。"

(九)高淑珍:普通农村妇女多年坚持为残疾儿童免费办家庭课堂[1]

高淑珍,56岁,河北滦南县司各庄镇洼里村普通农村妇女。高淑珍的儿子王利国4岁那年得了类风湿,落下了残疾,到了该上学的年龄不能上学。高淑珍心疼儿子,想在家里办个小课堂。后来她发现,附近村庄也有一些因肢残不能上学的孩子,他们都对读书充满渴望。她想让不幸的孩子都能读书,于是在家里办起了学校。

1998年4月,她的"炕头课堂"开讲了,老师是女儿王国光。5个孩子、4张课桌、2块小黑板和借来的旧课本……高淑珍的家里响起了读书声。

这个学校一开就是14年。14年间,她接收了近百名残疾孩子,却从未收过一分钱。高淑珍和女儿每天用自行车接送孩子,中午就在她家一起吃大锅饭。渐渐地,自行车已经接不过来,她一咬牙,买了辆旧面包车。有两个孩子肢残严重,她怕路上把他们颠坏了,就一直抱在怀里。后来,为了让孩子少受罪,她索性让孩子都住在家里,免费吃住读书。

慕名而来的孩子越来越多,但是高淑珍精力有限,家里地方有限,还债务累累,但是"不"字她始终说不出口。无论多么艰难,她总是尽最大努力,让孩子们的生活过得好一些。高淑珍家承包了20多亩水田,稻谷就是孩子们的口粮。但是歉收的时候,让每个孩子吃饱并不轻松。为了多挣几个钱,她每天天不亮就骑着自行车,驮着批发来的一些日用品去赶集,一骑就是50多千米。有的时候下大雪没有集,高淑珍就走街串户地卖。她说:"我一天出去挣十块二十块,给孩子们买点好吃的,我心里头欢喜,骑着车子都

---

① 根据网络相关材料编辑。

有劲。"

高淑珍"爱心小院"的故事见诸媒体后,引起强烈反响。"爱心小院"收到了来自全国各地的捐助,还有不少志愿者从各地赶来实行爱心接力。有的志愿者已经在这里工作了三年多时间,上海一家医院为小院的10个孩子实行了治疗手术。

农家妇女高淑珍的善举感动了中国人,她被评为"感动中国2012年度人物"。评委给她的颁奖词是:"粗糙的手支起课桌,宽厚的背挡住风雨。有了爱,小院里的孩子一天天茁壮起来。你的心和泥土一样质朴,你洒下辛苦的种子,善良会生长成参天大树。"

(十)陈家顺:为了农民工,局长变身民工当"卧底"①

陈家顺,1968年出生,云南省沾益县人力资源和社会保障局副局长、沾益县驻浙江义乌劳务工作站站长。为保障外出务工人员的合法利益,从2007年9月起,他先后深入多家用工企业,以农民工的身份应聘到企业"卧底"打工。

在很多被陈家顺关照过的农民工眼里,"陈老师"好像什么都不怕。但陈家顺说自己有"软肋",最怕的就是"老百姓说你们干部骗人"。

几年前,陈家顺被派往浙江义乌,担任义乌劳务工作站站长。麻烦事接踵而来:此前劳务输出由乡镇、村负责宣传动员,但是乡亲出去后常说外面的情况和听到的宣传不一样。陈家顺成了乡亲们的"出气筒",有打工者甚至想揍他一顿。

陈家顺疑惑,问题出哪儿了?为了把真实的用工信息传达给乡亲,也为了更好地给乡亲们维权,他下了决心:以一个普通农民工的身份去求职,实地体验农民工的生活、工作。不曾想,一"卧底"就是好几年。他几次进出工厂和农民工子弟学校,当过组装

---

① 根据网络相关材料编辑。

人生意义

工、装卸工,看过仓库,当过"猪倌"。"你是农民工吗?"他说刚开始"卧底"时,别人常直截了当地问他,因为他的书生气与干活手势,看着十有八九是个"假民工"。去一家养殖场面试时,陈家顺特意摘掉了 400 多度的近视眼镜,厂方说他不像养猪人,他立马回应:"别看我像不像,要看我是不是能干得下来!"

"最受不了难闻的气味,开始两天连饭都吃不下去,直到一周后才基本适应。每天早上起来最辛苦的就是清洗猪舍,刚开始时要花 3 小时才能清洗完,后来熟能生巧,只花 1 小时就能干完了。"一个月后,陈家顺在重点搜集了工作环境、生活条件、工资待遇、子女上学等"情报"后辞职,推荐了几位乡亲来这里务工。

为了尽可能多地了解各行业信息,陈家顺逼着自己快速学习、上手。比如,他刚学会养猪,又得适应工厂流水线上的作业。"卧底"打工时,但凡找到用工条件相对优越的,他总会眼前一亮。他曾应聘到一家中等规模的饰品厂,待遇和条件很不错:保底工资不低,因工作需要加班,厂里会补发加班费,还有免费的工作餐。一个月后,他介绍了 20 多名老乡过来,事先郑重其事和老板谈好条件:报销工人过来的车费,每月的工资按时发,尽量给工人安排技术性岗位……

有人说他这样做太辛苦了,他却认个死理:"别总觉得老百姓抱怨多,其实他们讲究的就是实在和信任。你提供的用工信息与实际情况相差十万八千里,怎么指望大伙儿相信你?我们当官的,如果今天的事情都做不好,又怎么指望让老百姓相信你描绘的蓝图?"

陈家顺爱给自己找麻烦,很多农民工朋友都有他的手机号,他早已把自己当成了他们中的一分子。"我们再辛苦,终究背后是有组织依靠的,而农民工呢?他们漂泊异乡,无依无靠,那是真的辛苦!"随着在媒体上的曝光率不断增多,现在陈家顺"卧底"越来越难了,但他说,只要心里装着农民工朋友,即便换个方式,也可以为他们做事。

在当下官员队伍中贪污腐败现象严重,官民关系疏远,老百姓对某些干部越来越不信任的社会氛围中,陈家顺的所作所为确实让人敬佩,让人感动。为此,他被评为"感动中国2012年度人物"。评委会给他的颁奖词是:"为乡亲卧底,你吃遍所有的苦;为百姓打工,你换来群众最多的甜。你乔装改扮,却藏不住心底最深的惦念;你隐姓埋名,可我们都知道你是谁,为了谁。"

(十一)周月华、艾起:"爬"遍青山送医上门①

周月华,女,43岁,重庆市北碚区柳荫镇西河村乡村医生,艾起是她的丈夫。

周月华出生后8个月被诊断为先天性小儿麻痹症,左腿残疾,这一切并没有摧垮她生活的意志。凭着自己的执着,周月华完成了中学学业并顺利从卫校毕业。

在找工作的过程中,周月华因身体残疾而四处碰壁。后来,看到乡亲们每次都要步行几个小时才能到镇上医院看病,她就动了行医的心思。

周月华将平时省吃俭用下来的200元,加上家中仅有的600元储蓄,作为开诊所的启动资金,又把家里堂屋修整一下做场地,药品采购则靠两个弟弟用小竹筐一筐筐往回背。1990年11月,周月华的柳荫镇西河村卫生室终于正式挂牌营业了。

"我喜欢我的工作,喜欢我现在所做的一切。"周月华说道,"住在偏远地方,农民看病要走上好几个小时。所以我现在多做一点,让乡亲们少跑一点,少花一点,自己会感到很开心。"

开始行医时,周月华右肩挎着药箱,左肩挂着拐杖,在山间艰难行走,这种行医方式一直持续到她遇到了人生中的第二条左

---

① 根据网络相关材料编辑。

腿——她的丈夫,艾起。

周月华和艾起结婚之后,无论跋山涉水,刮风下雨,只要有出诊,艾起便会揽起周月华的手,用宽阔的后背将她背到病人家里。"背你一辈子,我无怨无悔!"这个男人用20年的行动,默默支持着妻子的事业。

二十多年来,她硬是靠着拐杖和丈夫的后背,"爬"遍了方圆13平方千米的大小山岭,为辖区近5000名村民带去了医疗服务。

周月华说:"没有他,这么多年,我是做不到的。他是我这辈子的第二条左腿。"她的丈夫艾起说:"我背着她走了18年。我说过要背她一辈子,就要实现这个诺言,永远都不放弃。"

周月华夫妇常年坚持地乡村行医的艰难背影,感动了中国人,他们被评为"感动中国2012年度人物"。评委员会给他们的颁奖词是:"她背起药箱,他再背起她。他心里装的全是她,而她的心里还装着整个村庄。一条路,两个人,二十年。大山巍峨,溪水蜿蜒,月华皎洁,爱正慢慢地升起。"

(十二)居马泰:牧区行医20年,免除诊费近10万[①]

48岁的居马泰·俄白克是一名哈萨克族乡村医生,他工作的地方是包扎墩,位于天山山脉北麓,距离县城90多千米,山路崎岖难走,悬崖峭壁、深沟险壑随处可见,出去一趟,经常是一个月后才能回家。在哈萨克语里,"包扎墩"是未开发之地的意思,平均海拔3000多米,面积超过2200平方千米。包扎墩冬牧场通往外界的路是由牧民凿出来的,仅能容一匹马或一只羊通过,身边是悬崖峭壁,脚下是万丈深渊,路面是溜光的坚冰。每年冬季牧民赶着牛羊转场,稍一不慎,人和马就会坠崖,连尸首都无法找回,这里被当地

---

① 袁雅蕾:《"最美乡村医生"居马泰:牧区行医20年免除诊费近10万》,天山网,2013-01-14。

人称为"天堑之地"。

居马泰回忆说,记得 2005 年冬天,铁克泰克沟有一户牧民得了病需要救治,得知消息后,他就带着药箱急忙前往,记得当时路很陡,路面上也结了冰,走着走着,没想到一不小心马失前蹄,直接往山下冲去,骑在马背上的自己迅速地从马背上滚了下来,也顺着悬崖直往下滑,万幸的是悬崖中间有个小小平台,自己落在了平台上昏了过去,马却掉下了数百米的悬崖。

"我也不知过了多久醒来了,发现右腿被石头碰掉了一块肉,被血浸透的裤子也被石头撕烂了,我就用撕烂的裤子对伤腿进行了包扎,冷静了几分钟后,探探数百米悬崖下摔死的马,真的是非常害怕。"居马泰说,后来在附近放牧的牧民姜布拉提将自己从半山崖中救了上来,由于右腿被尖利的石头削掉了一大块肉,无法进行缝合,导致腿上留下了一个深深的伤疤。

居马泰在这样的地方一干就是 20 年。在牧区工作,马是居马泰最重要的伙伴,从 1992 年工作至今,他共骑过四匹马,摔下悬崖的就有两匹。这些意外,都让居马泰的家人非常担心,加之居马泰身患心脏病,不适合在高原山区工作,随时会有生命危险,家人非常担心。妻子也曾劝说让他调工作,但他总是说:"牧民需要我,我也离不开牧民。"

由于牧民家住得很分散,居马泰一年中有十个月都在山里度过。妻子赛山木汗说,三个孩子最小的 7 岁,自己也长期患病,已经动了 5 次手术,其实家里也很需要他照顾。当地卫生局领导考虑到居马泰的实际情况,准备把他调至农业村,但被他婉言谢绝了。

居马泰的诊室,就在高山峡谷之中,每次进牧区巡医,马背上至少要驮上近百公斤重的东西,除了干粮、马料之外,带的最重要的东西便是药品了,装药的箱子是一个至今已有 35 个年头的皮药箱,是父亲俄白克当年行医时用过的。

人生意义

居马泰行医20年来,病人每次呼唤,他从来没有推辞过,不论白天黑夜,刮风下雨,只要有病人需要,他都会背上药箱、骑上马前往。在他心中,巡诊的路早已熟悉得不能再熟悉,不需要什么工具辅助,哪怕是漆黑的夜晚,他也能找到牧民的家。居马泰说:"20年来,包扎墩每户牧民家的情况,巡诊路上的每道沟、每道坎儿我都很清楚,心里好像有了张地图一样,不论走到包扎墩的哪里,都非常熟悉和了解!"

俗话说,医生好不好要听病人的评价。58岁的托合塔尔提起居马泰,眼前就会呈现前几年居马泰给她丈夫治疗心脏病的情景。托合塔尔说,丈夫身体不好,患有心脏病,需要小心照料。丈夫的病情居马泰一直挂在心上,每到冬天都要骑马走上七八个小时到她家中查看丈夫的病情,最多的一年去了5次,最少的一年也有个两三次,而且是随叫随到。

牧民达开说,2005年,他们家在包扎墩牧区奇巴塔沟里放牧,妻子吐尔逊古丽突然流产,他立即捎口信给居马泰。按常规道路走,骑马得需要6个小时,为了节省时间,居马泰放弃常规道路,选择了翻越海拔4000多米的达坂。当时正赶上达坂下大雪,山路已被大雪覆盖,雪深三四米,一不小心就会滑下沟底。当时,传口信的人劝说居马泰还是走常规道路,居马泰思量再三,为了赶时间还是决定翻越达坂,最终成功地救治了达开的妻子。记者问他为何决定冒险,他说如果去晚了,病人的病情就会耽误,这是对病人的不负责任,良心上过不去,哪怕危险些也是应该的。

居马泰进山巡诊经常是一个月。这一个月里,他饿了就在牧民家里吃,困了就在牧民家里睡,牧民视居马泰为上宾。50岁的牧民阿依木古丽患有高血压,经过居马泰的救治,近两年病情明显好多了,因家境贫困,她看病的药钱全部是居马泰帮忙垫付的,阿依木古丽对此感激不尽。

居马泰家里并不富裕,他一个月仅有的工资收入维持全家五口人的生计。在这样的情况下,除了垫钱给贫困牧民看病外,居马泰还减免注射费以及诊疗费,赊账为贫困牧民看病。20多年来,他免的注射费、医药费等近10万元。居马泰说:"我家里养了些羊和牛,一年可以挣上1万多,还有每年我都贷上三四万的款,有牧民家需要借钱的我都会借给他们。每个人的家里都会遇到这样那样的困难,亲人之间就是要相互帮助,能帮一把就帮一把。"

包扎墩牧区的医生换了一批又一批,环境的约束使得很多年轻人坚持不下来。但居马泰却不愿意离开,他说:"这么多年来,确实也有机会调到工作环境好一些的地方,但被我拒绝了,因为我觉得这里的牧民需要我,我离不开他们,我和牧民之间就像一家人,这种亲情一辈子也割不断!他们需要我,我也离不开他们。"

居马泰全心全意为边疆牧民服务的事迹让所有闻者心灵震撼,为了向他表示崇高的敬意,2012年,卫生部授予他"最美乡村医生"荣誉称号。

(十三)李前锋:身为病人却仍然志愿坚持在深山行医[①]

李前峰出生于医生世家,祖上已经是五代行医,李前峰大学选择的也是学医。1999年从南宁卫校毕业后,他在家乡六景镇开了一家诊所,收入不错。可当他听说镇里的大浪村2300多名壮族村民一直没有村医,群众看病难、看病贵、看病远的问题十分突出的时候,他志愿前往大浪村做了一名乡村医生。

进大浪村要翻一座大山,从镇上走进村里要几个小时。村里多是老幼孤寡,出行很不方便,两三百米的路都走不了,更何况这数千米的山路。为了他们,李前锋自己出诊到患者家去。每天出诊,远的地方一次要走10多千米,最近的也有3千米,很多地方车都进不去,只有靠步行上门。他的诊疗室里常年摆着出诊用的扁

[①] 根据网络相关材料编辑。

担、药箱和装食品的小竹篓。但正是这仅装着感冒、风湿、消炎药的普通药箱,却给山里人免去了很多病痛的折磨。

诊所里一本厚厚的出诊记录本上密密麻麻地记录着就诊村民的详情。患有风湿病的何昌林认识李前锋已8个年头,他说,李前锋几乎24小时都在工作,"只要你上门,或者一个电话,他都会出现,对村民很热情、很贴心,大家也很信任他,有病都愿意上他这儿来看。"

由于长年累月过度劳累,2008年5月,李前峰查出患有严重的尿毒症,换肾需要20多万元,李前峰根本就不敢去想。李前峰意识到留给自己的时间不多了,他瞒着家人,瞒着乡亲,每天怀里挂着腹膜透析袋依然坐班,照样出诊。做透析的同时,他依然翻山越岭到8个自然村去巡诊。慢慢地,透析治疗的效果越来越差,他的身体状况每况愈下,几次晕倒在山路上。

为了不拖累一直深爱的妻子,他签了一份《离婚协议书》。得知"离婚"的原因后,妻子邓小妹也把家从镇上搬到了村里,悉心照顾着丈夫。乡亲们终于知道了李前锋的病情,村民自发地组织起来给他捐钱捐物;同时,社会各界人士为李前锋捐款,北京一家医院为他做手术减免了手术费。

待病情好转之后,他开始不断接到各种信息:他住院这段日子,原本找他看病的村民现在都要翻山越岭跑到20多千米外的镇上看病,更多的老人因此没办法看上病。这让这个朴实的山里汉子坐不住了,原本被建议休息一年的李前锋仅仅休息了3个月,为了村民的期盼,他又回到山村开始走村串户。

"医生说尽管已经换肾,但最乐观地估计,他可能也只有10年的寿命。他现在的情况都还算正常,但需要多休息,不能太劳累,在饮食方面也得多注意。"妻子邓小妹说,"平时他就住在诊所,由于家里事情多,加上山路不便,我们也很少来这里。"她在20千米外的六景镇幼儿园上班,近一个月时间才能见丈夫一面,很少能照顾到他。谈到这些,邓小妹颇为心酸:"其实他自己就是个病人,他是最需要照顾的人,却一直在为别的病人奔波劳苦。"

尽管如此,李前锋却很享受现在的生活。他说:"每次听到病人说'谢谢你,我的病好多了',我就会感到很欣慰。我也希望自己能学到更多的医学知识,来救助更多需要帮助的人。能为村民们免去疾病痛苦,带来健康,是我作为一个乡村医生最大的愿望。"

肾移植后重回大浪村的李前锋,挑着扁担整天四处奔走。扁担的一头是给乡亲看病用的药品,另一头是干粮和自己要吃的药。肾移植手术后,他的身体抵抗力很弱,淋雨和着凉引起的感冒也随时都可能夺去他的生命,遇到风雨天,生病的乡亲们轻易都不会叫他,心知肚明的李前锋总是抓紧每一次出诊机会,尽量多走几个村落。他说:"只要我在大浪村一天,我就会为这里乡亲们的身体健康负责到底。"

李前锋无私忘我的奉献精神感动了村民,感动了社会,2012年,他获得中国"最美乡村医生"荣誉称号。

(十四)钟晶:辞去城市医院工作自愿当山村医生的"80后"女孩[①]

钟晶,1982年生,贵州省黔西南州龙河村卫生室医生。钟晶是一个从小在城市长大的女孩儿,2008年辞去贵阳长江医院的工作,跟随在乡镇工作的丈夫来到龙河村。龙河村卫生室是4000多名村民唯一能进行新农合报销的卫生室,在这里,钟晶当了一名乡村医生。

岂知两个月后,丈夫被调至黔西南州委工作。走还是留?钟晶很纠结。在这里,她亲眼看到,由于贫穷闭塞,当地农村妇女缺乏基本的卫生保健知识,40%左右的妇女患有妇科疾病,因为找不

---

① 根据网络相关材料编辑。

到女性妇科医生,一直拖到病情恶化,甚至丧失生命。龙河村还是风湿病高发村,老人几乎都患有风湿病,一些村民40来岁就骨骼变形、直不起腰。村民最缺乏的就是能在身边为他们治病的好医生。看到村民的困难,善良的钟晶无论如何不忍一走了之。她想,人生的意义是什么?不就是尽自己力量为别人做点事嘛!否则,人就算活150岁,如果没为别人做点有益的事,那也是虚度了年华。于是,她毅然决然留了下来。

决心留下来为老百姓治病的钟晶自己拿出2万元购买了理疗仪以及治疗妇科等疾病的仪器,所有用具每周消毒一次,还按大医院要求设置了垃圾分类。镇党委副书记说她的卫生室是镇里最正规的卫生室之一。

钟晶与丈夫、孩子、父母分四地而居,一个月见一次丈夫,一年见一次孩子。晚上出诊,要和丈夫边通电话边走在山路上。父母心疼她,反对她一个人留在偏远的乡下,她不得不对父母隐瞒实情。来到村里三年后,钟晶父母才知道女儿原来在农村当乡村医生。

5年来,生活中不能相夫教子、不能孝敬父母,学习上无法与同学和老师交流请教,因工作忙而得不到必要的休息,但钟晶始终坚守在小小村卫生室,尽其所能为当地老百姓解除病痛。坚守并不容易。对于一个爱美的"80后"女性,钟晶衣柜是装药的纸箱;经常只能吃三四种蔬菜;电力不足时还常停电,晚上只能靠蜡烛或应急灯照明;没有澡堂,只能用大桶提水,蹲在盆里洗⋯⋯

钟晶的事迹感动了很多人。一些医务工作者提出愿意到钟晶的卫生室工作,有人给钟晶的卫生室捐赠药品,还有人愿意像她那样放弃城市的工作和生活,到龙河村做志愿者。网友听说后称她为"最美乡村女医生"。2011年,她获得新华网主办、全国各大网站协办的"中国网事感动2011"第二季度网络人物;2012年1月,获得"中国网事·感动2011"十大人物;2012年,获得卫生部授予的"最美乡村医生"荣誉称号。

(十五)朱和平:一生高度敬业的垃圾清运工[①]

朱和平(1954～2006),女,河南省洛阳市人,生前系郑州市管城回族区垃圾清运公司工人。

2006年2月3日,大年初六,人们还沉浸在过年的欢乐中,朱和平却永远地离开了她干了30多年的环卫事业,永远地离开了她的垃圾车。工友们评价:她的一生普通而平凡,然而在平凡的岗位上却做出了不平凡的业绩,不愧是平凡而伟大的人。

1973年12月,刚满18岁的女孩儿朱和平成为河南省郑州市的一名环卫工人。她早出晚归,沿街挨户收集垃圾,在卫生队里干了6年。

1979年,朱和平成为一名垃圾清运车司机。作为驾驶员,她本可以不干或者少干装垃圾的活儿,但她总是和工友一起装车,从不因脏累而不为。一个夏天的晚上,大雨过后垃圾量猛增,每个工作地垃圾多得就像一座山,朱和平像往常一样与装车工一起装车时,右脚踩在一块玻璃上,鲜血直流。到医院包扎后,工友们劝她回家休息,但她不想耽误工作,强忍疼痛继续开车。每一次踩油门或刹车,脚就钻心地疼,但她硬是连运三趟,完成了当天的任务。后来伤口感染,高烧39度,但她白天在医院打针,晚上照样坚持工作,没有因此请过一天假。

1999年,朱和平被全国总工会授予"全国五一劳动奖章"。

"大姐这个全国劳模当之无愧!"工友们说,参加工作30年,她总是坚持出满勤、干满点,从未因任何事情请过一天假、耽误过一天工作;她多次放弃了调换工作的机会,本本分分地开着垃圾清运车;她每天驾驶车辆10多个小时,驱车200多千米,年运送垃圾近

[①] 王向阳主编:《当代中原魂》,河南人民出版社,2009。

万吨,从没出过事故;她开的车年年被评为免检车辆,每年还节约近万元的油料费和车辆维修费,省下的费用可以购置3台新东风车。

"我妈妈这个劳模当得可真不容易啊!"女儿张媛凝望着母亲生前的照片说,"她在外面像男人一样干着体力活儿,回到家里,两只胳膊累得抬都抬不起来。"单位领导看朱和平一人带着女儿夜里工作有困难,决定让她上白班、开生活车,但朱和平坚持不脱离生产一线。后来她被安排到中转站清运垃圾。在中转站工作期间,为了避开人流高峰,她经常起早贪黑。她见夏季中午的休息时间长,行人少,就不顾驾驶室40多度高温,利用中午时间拉几车。

朱和平无论负责拉哪个中转站的垃圾,都能够保持日产日清,一天不管拉多少车,等多长时间,她都及时清运掉,从没让中转站出现过垃圾积存现象,并能保持有空箱运转。

朱和平以自己的辛勤劳动,赢得了工友们的一致好评:每一次工作轮换,要离开的中转站的工友们都恋恋不舍;而当她到达新工作地,都能够听到工友们惊喜和欢迎的声音:朱和平来了,我们的活儿就好干了;到中转站检查卫生的人,只要看到朱和平在拉垃圾,就会说:"朱和平负责的中转站,免检!"

1994年,朱和平当上了郑州市第十届人大代表。作为一名基层人大代表,她经常深入环卫工人中间,调查研究,把大家的意见带到人代会上,积极为群众发声。

朱和平的朴实和勤劳赢得了社会的承认和尊重:她被评为河南省"三八红旗手",荣获"全国五一劳动奖章",被评为全国先进工作者,曾当选党的十六大代表。2006年"五一"前夕,中共河南省委决定,在全省范围内开展向朱和平学习的活动。

二 活出意义

（十六）杨皂：一生为乡亲义务修桥铺路的"当代愚公"[1]

杨皂（1906～1988），男，汉族，中共党员，河南省安阳县铜冶镇南西炉村人。

杨皂的家乡属于半山半丘陵地区，周围冈峦起伏、沟壑纵横，交通十分不便，群众过河没桥而跌河落涧的惨剧时有发生。杨皂在青壮年时期，就立志为群众修桥筑路办好事。他从小就跟父亲学会了修桥筑路的技术。1940年，杨皂在村西和尚沟修了一座小石桥。1947年，他把中华人民共和国成立前借钱为群众打的一眼甜水井，用石头砌了内衬。1954年10月，他带领3名学艺的徒弟，在村东断截沟修建了一座8米高、4米宽、20米长的石拱桥。1958年，杨皂到积善煤矿当了工人。煤厂通向铁路有个陡坡，工人上下班困难，于是他利用工休时间修了一条30米长的石阶。1965年，杨皂满60岁退休，按说该享享清福了，但他始终没有忘记修桥的事。

1967年10月，他带领几个徒弟，在汾红江同时开工修建南北两座大桥。经过一年半的努力，两座高12米、宽20米、长100米的石拱填土大桥同时建成了。1968年因工作需要，杨皂第二次到煤矿上班后，继续为群众办好事。在这期间，他利用工余时间在供销社门口修了20米长的三层台阶，在群众来往拉煤的路上铺设了50米长的涵洞。1974年，他患了癌症，经治疗后，再次退休回家。这时他已经69岁高龄了，但他还是闲不住，和群众一起修建了一座煤土沟大桥，加宽了他以前修的和尚沟桥。他一个人在村西修建了一处护桥大坡，还参加修建大队学校和村里的露天大舞台的劳动。

1981年，在中共安阳县委和县政府的支持下，杨皂用两年时

---

[1] 王向阳主编：《当代中原魂》，河南人民出版社，2009。

间修筑了他有生之年所建的最大的桥——龙洞沟桥。

几十年来,杨皂坚持为群众义务修桥铺路,前后共修建大小工程16处,被群众称为"八大工程"和"八小工程",总共打石料5000多方,挖土3.7万多方,义务投工4900多个,相当于十多年的劳动日,贴款1800多元,贴粮2400多斤。对于杨皂的贡献,党和政府给予了大力表彰,1974年11月,河南省委、省政府授予他"当代愚公"称号;1975年9月,杨皂又被评为河南省劳动模范,当选为第六届全国人大代表。1988年9月,杨皂纪念碑亭建成。1992年8月,杨皂塑像在安阳县铜冶镇落成。

(十七)区少坤:多年与公车私用现象做斗争的广州老伯①

广州60岁的区少坤,是个吃低保的老人,也是当地有名的人物,有名皆因他六年如一日监督公车私用。区少坤被广州人亲切地唤作区伯。他的出名与他的两部手机密不可分:一部用来随手抓拍被私用的公车,然后把照片"晒"上微博;另一部照得更清晰些,兼回复网友留言。6年来,共有100余部私用公车被他"解救"。在新浪微博,他的认证是"公车私用监督达人",有3万粉丝,胜过很多年轻人。

有人说他"有钱有闲",但他每月只拿480元低保费,一家四口的租住房不足48平方米。有人质疑他"作秀",但有网友反问:"6年来,经常被骂、被吐口水,几次被打,谁愿意作这样的秀?"但被骂后,区伯脖子一挺,照样。他还立誓:"只要活着一天,我就监督下去。"这脾气,用北方话形容叫"轴",广东话形容叫"硬脖伯"。他却说:"谁都能监督'三公',哪怕他只是个吃低保的小人物,哪怕这是

---

① 王梦婕:《广州一老人随手抓拍公车私用6年"解救"百余辆》,《中国青年报》,2012-07-06。

二 活出意义

用手去抓带刺的仙人掌。"区伯的自我评价是："我只是个较真的公民。"

区伯对公车私用"立此存照",始于2005年。一个傍晚,生病住院的区伯正在人行道上散步,忽听身后车喇叭作响。扭头一看,按喇叭的是辆警车,驾驶员还身穿制服,正要停在人行道旁的酒店门口。"公车私用!"他立马反应过来,不仅不避让,还用手机拨了110。一周后,广州市荔湾区公安分局有关负责人来电："区少坤吗?经查,你的举报属实,已对当事民警做出处理,谢谢您的监督!"首战告捷后,区伯才认真打量起"公车私用"这头"巨兽"来。

"一查不得了!国家一年的'三公'消费(指公务人员因公出国或出境经费、公务车购置及运行费、公务招待费——记者注)据说有9000个亿。其中,公车消费占了最大头。2011年,广州公车保有量至少20万辆,平均养一辆公车,每年至少要花2.5万元。"他指着媒体公开披露的数据连连摇头。"2.5万,这够多少贫困山区的小孩子上学、吃饭、买鞋穿?"区伯撇着嘴,脖子伸得老长,一副典型广东阿伯生气时的样子。

但他的监督之路"太难",因为并不是所有的公车都像第一辆警车那么"好认"。"车牌上写着'粤O''粤警'的,是公车;'粤A'之后全是数字的,是公车;'粤A'之后有英文字母的,可能也是公车,要分情况。"谈及监督心得,区伯不是有感于百余辆的成绩,而是遗憾于"公车标准仍含糊不清","有好多漏网之鱼"。"据我所知,为了避免招人瞩目,一些单位并不愿让公车看起来一副'我是公车'的样子,而是想方设法隐藏。'私车公用''公车包用'特别多,就像给公车穿上了迷彩衣,有时真是监督无门。"他叹道。

"公务员同志,你公车私用了,你浪费了纳税人的钱。"区伯在拍下需要被"解救"的公车后,一般不会立刻走开,而是绕到司机跟前,很"轴"地说上这么一句。但被拍下的公车司机多半不愿"束手就擒",于是区伯常常遭遇"带刺的仙人掌"。"你干吗?多管闲事。"被骂一句算是轻的。有人威胁他"不删掉照片,小心你自己";有人诅咒他,冲他吐口水;有人事后打电话让他"快转行";更有"被抓现行"的司机,慌忙中试图驾车离开时,把区伯碰得腿部流血;最近一次是左脚骨折,见到记者时,区伯走路还一颠一跛的。

区伯被媒体称为"坚强公民",但他不时有挫败感。他慨叹道:"最多的挫败感是刚刚监督时,接到的结果总是'通报批评'。惩处力度那么低,公车私用何时了?"区伯曾做过一个统计:在他举报的百余辆公车私用中,"顶格"的一次处罚是全单位通报,当事人做深刻检讨,并扣3个月奖金。"此外,不扣奖金的比较多,还有一部分单位根本没反馈。"有人不明白了:"区伯,你一次次鸡蛋碰石头,不也没结果?"但这个"硬脖伯"回答:"不要总说公务员做得差,这个'差'里也有你'没负起公民责任'的因素。"

6年来,区伯以卵击石,终于引发了"蝴蝶效应"。一开始,纪检监察部门接到他的电话"轰炸",会苦笑着回应:"区伯,又是你?"现在,广州市纪委书记邀请他与市政协委员韩志鹏一同参观专防公车被私用的北斗监控定位系统。书记还派发名片说:"区伯,一有意见,欢迎随时跟我提。"

区伯的举报周期一般是7天。今年,在指责一辆公车私用被骂后,5分钟内,区伯就接到了广州市纪检监察热线的反馈。当天下午,广州市公安局相关负责人3次登门道歉,并责令对违规公务员严肃处理,要求各部门引以为戒。以前,公车周六、周日出行算不算私用还"另说",现在,广州市政协主席苏志佳明确向区伯和韩志鹏表示:周六、周日公车不能动,专人专卡,一插卡,机器一响就知道。"一动就私用,去哪里都是私用"。由于坚持不懈地"讨说法",此后,广州相关部门计划把该市的公车运行情况定期公示。

还有媒体抽查了公务员子女就读较多的两所小学,发现之前"停满大街"的公车,如今,基本销声匿迹。没人能说清,这其中区伯的因素能占百分之几。一些曾骂过他的公务员,现在成了他的粉丝。微博上,有公务员留言:"有时,我们没决心向自己开刀,有区伯在,支持!"

(十八) 邓卫星:帮助困难家庭孩子上学几十年①

邓卫星,1959年生,广东省英德市普通农民,自小聪明好学,1977年初中毕业时以第一名的成绩考上了英德中学,后来因父亲去世失去经济来源被迫退学。辍学后的邓卫星经营猪肉生意,人称"猪肉佬"。他经常上山下乡收猪,看到了很多和他一样因为穷困上不了学的山里孩子。例如,1981年他碰到一个爱读书却因为贫穷和路远而失学的女孩陆秋贤。这件事让他心里很是沉痛,他想,自己很爱学习,很想读书,就是因为穷没能读成。他不忍心看着山里那些孩子因为贫穷上不起学,于是他想资助他们,圆他们一个读书梦。

贤惠的妻子理解善良的丈夫,在邓卫星的提议下,陆秋贤到他家去"寄宿"。不久,和陆秋贤遭遇相同的孩子听说了也想来,于是邓卫星家里很快就来了包括陆秋贤在内的6个女娃子。随着资助儿童的增加,邓卫星创办了"学生之家"。从1981年到现在30多年里,前后共有900多个孩子住进来,他们中,60%来自困难家庭,绝大部分是留守儿童。

镇里的学校一度搬迁,邓卫星也跟着搬迁。1992年,邓卫星卖掉了两块珍藏的黄蜡石,倾其积蓄盖起了两层楼——8房2厅,除了自己一家四口住的3间房,剩下全拿来做了孩子们的宿舍,最多时这里住过50多个孩子。妻子熊廷贺上山砍柴出了意外,卧床大半年;自己的两个儿子正准备读大学,要缴一大笔学费;他觉得"学生之家"坚持不下去了。但看着开学时送上门的20多个孩子,邓卫星又心软了,咬咬牙,就这样坚持着。

---

① 根据网络相关材料编辑。

人生意义

最初,学生在邓卫星家寄宿是全免费的,只需要自己带些米。但随着孩子越来越多,为了维持"学生之家",邓卫星开始收取很少的住宿费。从一年175元,到现在(2011年)的每年325元。325元,平均一天只要两元多,即便如此,真能交足的孩子还不到三分之一。今年寄宿在这里的35个孩子,14个来自贫困家庭,21个是留守儿童。"只有10个孩子能交上钱,剩下的就交个百来块,背些米来顶"。

打开邓卫星记得密密麻麻的账本,里面记录着每一笔欠账,清一笔划一笔,但这么多年,没划掉的还是大多数。"有些孩子毕业了,但还是没钱。去他家里要吧,真的是穷,不仅没法开口要,还要安慰他,让他'以后发达了再慢慢还'。"为了把"学生之家"办下去,邓卫星的日子只能精打细算:猪肉、鸡鸭、米饭等都是自家"出产",柴是上山砍的,水是从山上引来的……即使如此,每年邓卫星还要填进去一两万元。这些是有数可查的,还有一些根本算不清。

邓卫星喜欢读书好的孩子,每学期考第一的,邓卫星都会封个50元或100元的"红包"作为奖励;孩子毕业了考上重点学校了,他还要亲自上门送个大红包。邓卫星看不得孩子受苦。在他家住了快一年的邓小花,父亲患癌症多年,家里还有3个姊妹,家境贫寒。为了让她读书,邓卫星不仅不收一分钱,还自己出钱给她买学习用品;每个星期还额外给她10元钱,让她攒起来买衣服、买吃的。"不能让她的生活和别的孩子差太远"。

在邓卫星居住的小镇上,一个月三四千元的收入算高的了,但走进他家,人们仍会惊讶于这里的简陋——除了房子还算周正,满屋找不出一件像样的家具。客厅里的折叠圆桌,四条腿上布满了锈,需要垫一只拖鞋才能站稳。孩子们用的课桌、长条椅,都是学校淘汰的。但是,为了让孩子们夏天睡个好觉,邓卫星却省出钱来,在每个房间装了电扇。

邓卫星说他做这些从来没想过要什么回报。被他资助过的孩子长大了,有的还当了大老板,有的经常回去看望他,但他从来不和他们讲自己的困难。他说毕竟两个儿子都工作了,自己也挣钱。每次他们问起,他都只说都挺好,没困难。有难处时他只跟自己儿子讲。既然有心帮人家读书,那就有多大力出多大力,不能让人认为是为了别人的钱才做这个事。

有一次,一位药厂老板听说了邓卫星的事,捐了3万元钱,这是多年来邓卫星收到的唯一捐助。为了不让人说自己从"学生之家"捞好处,邓卫星把这笔钱全花在了看得见的地方:买了一台电视、一台冰箱,在楼顶装了太阳能热水器、滤水器,装了防盗窗,剩下的一点,给孩子们加了菜。除了防盗窗,每一件买来的东西上,邓卫星都细心地贴上红字,写着"×××捐赠"。邓卫星说:"钱都是给孩子们的,我不会沾他们一分钱。"30多年间,无论再苦再难,邓卫星从没主动向当地政府、向旁人,也没向从他这里走出去的孩子们伸过一次手,哪怕他们当中有人已经成了大老板。镇政府负责人用四个字评价邓卫星的善举——功德无量。

对于未来,邓卫星说他会把帮助困难学生的善举继续做下去,等老到做不动了,他会让家人帮他做下去。

邓卫星的事迹感染了大众,被网友投票评为"中国网事:感动2011"第一季度网络"草根英雄"。一位网友说:"什么是成功?我被眼前这个猪肉佬感动了:三十年如一日,自己种菜卖猪肉,守着清贫,先后收留附近和二三十里开外村里900多个贫困留守儿童在家里吃住,让他们在镇上上学。这种成功的坚持,是能用金钱和权位衡量的吗?"网友"柒柒叁"说:"他简直是派到人间的天使。""雾谷"等网友说:"普通人身上迸发出来的大善和大爱,让我们触摸到人性的光辉和温暖,我顿时觉得这个世界充满美好。"网友"春水依人"说:"我愿意做这样的人,穷一辈子也行,一辈子不亏心。"

（十九）冯友兰：为中国哲学奋斗到生命的最后一息

北京大学教授冯友兰先生(1895～1990)，中国著名的哲学史学者，成名于20世纪三四十年代，二卷本《中国哲学史》和《贞元六书》使他名满天下，遂为中国哲学一个时代的代表。中华人民共和国成立后，屡经政治运动的打击批判，饱经磨难，至"文革"结束时已年迈力衰，精力不济，以常人而论，应该安享清福了。然而，年过80的他却雄心未泯，他还牵挂着一件大事，那就是祖国的旧邦新命的命运，中华民族的前途。于是他"重理旧业"，决心再写一部中国哲学通史。多年的政治批判干扰破坏了他的学术生涯，然而他的学术思考却一天也没有停止。多年的思考成果需要整理，一生的学术成果需要综合，需要创新，需要提高，正所谓"老骥伏枥，志在千里；烈士暮年，壮心不已"，即将进入耄耋之年的他，决心完成一项对他自己和中国哲学史来说的大事业。

当时他制订了一个写作七卷本《中国哲学史新编》的计划，立志把中国哲学从传统到未来的来龙去脉讲清楚，把古典哲学中有永久价值的东西阐发出来，推动中国哲学的进一步发展，为振兴中华做出新的贡献。

接下来是旷日持久的艰苦劳作。在这期间，他经历了连遭亲人(老伴和小儿子)伤逝的悲痛，又常常为各种疾病所缠扰，但他仍坚持了下来。由于视力逐渐全失，他只能听人念材料。他的听力又很差，但他总是不厌其烦地一遍一遍地听。由于年高体弱，他只能每天上午工作。他力争不浪费这半天的每一分钟，甚至为了不因上厕所而中断工作，上午几乎不喝水。多少年他没有休息过一个寒暑假。如果他有休息一段时间的时候，那一定是因劳累过度躺在医院的病床上了。

冯先生生命的最后几年身体状况日渐不佳，住院的次数日渐增多。这时他想的仍然不是延年益寿，而是如何加紧完成《中国哲

二 活出意义

学史新编》的最后一册。他对女儿说,因为事情没有做完,所以还要治病,等书写完了,再生病就不必治了。因为心有所系,所以每次住院,他总能渐渐好起来,接着再做事。1990年四至七月间,冯先生写完第七册,并修改定了稿,一桩大业终于完成,一件心事终于放下,他没有遗憾了。秋天,再次生病住院,他再也没有起来,他含笑告别了他所挚爱的人世间。

冯先生晚年的事迹正可以用两句中国古诗来形容:"春蚕到死丝方尽,蜡炬成灰泪始干。"他为哲学呕尽了心血,鞠躬尽瘁,死而后已。他如此努力,如此拼搏,为名么?可笑!他早在青年时期就已名扬天下,成为哲学界大师级人物,老年时一个字不写,哲学史上仍有他的地位。那么是为利么?荒唐!他需用的钱十分有限,仅他的工资就用不完。他治病需要钱,但他享受的是公费医疗。他不知道生命的虚无么?怎么可能!他是哲学家,他有什么东西看不透?!那么他到底为什么呢?他的女儿冯宗璞的回忆文章中的一段话可以回答这一问题。

> 人们常问父亲有什么遗言。他在最后几天有时念及远在异国的儿子钟辽和唯一的孙儿冯岱。他用力气说出的最后的关于哲学的话是:"中国哲学将来一定会大放光彩!"他是这样爱中国,这样爱哲学。当时有李泽厚和陈来在侧。我觉得这句话应该用大字写出来。①

冯先生晚年的人生作为,可以用他自己著名的"人生四境界说"加以解释,或者说是他"人生四境界说"的实践体现。这四境界是自然境界、功利境界、道德境界、天地境界。冯先生认为天地境界是人生的最高境界,进入这种境界的人不仅了解人在社会中的

---

① 宗璞著:《铁箫人语》,第7页,春风文艺出版社,1994。

使命,而且了解人生在宇宙中的地位和作用,对宇宙人生有完全的了解,这种了解是对宇宙人生的最终觉解,可以使人的生活获得最大的意义,使人生具有最高价值。天地境界的核心及特点是"天人合一",那么"天"的特点是什么?是"行健"(天行健——生生不息,永远在不停地运动变化),那么人与之"合一"(与之合拍,合其规律),即"君子以自强不息"——活到老,努力到老,直至生命最后一息。冯先生用精彩光辉的一生进入了自己所说的"天地境界",完美地诠释了自己的人生哲学,活出了理想中的人生意义,塑造出了一代哲人、智者的完美形象。

(二十) 聂绀弩:至死苦恋文学事业[①]

聂绀弩,生于1903年,湖北京山人,我国现代杰出的作家、诗人。从小酷爱我国古代文学作品,但因家贫过早辍学走入社会。当过兵,当过小学教员,当过记者和编辑,上过黄埔军校和莫斯科大学,20世纪30年代初走上中国共产党领导的革命道路。30年代在上海参加"左联",从事革命文艺活动,杂文师法鲁迅,深得鲁迅精神,是当时杰出的杂文家之一。1934年编辑《中华日报》副刊《动向》,成为进步作家继《申报》的《自由谈》之后的又一重要阵地,在反文化围剿中发挥了很大的作用。鲁迅后来将他1934年的杂文编为《花边文学》,共61篇,其中载于《动向》的就有22篇。聂绀弩1938年到延安,不久到新四军编辑《抗敌》杂志,1940年参加《野草》编辑部,1945~1946年任重庆《商务日报》和《新民报》副刊编辑。中华人民共和国成立后,他回到北京,历任中国作家协会理事兼古典文学研究部副部长、人民文学出版社副总编辑等职,以严谨的治学态度出版、研究中国古典名著,写出了一系列具有真知灼见的论文,成为一名坚实的古典小说研究家。

---

① 刘再复著:《师友纪事》,三联书店,2011年。

二 活出意义

聂绀弩在中华人民共和国成立后的道路十分坎坷。1955年因"胡风事件"牵连受到留党察看和撤职处分;1958年被错划为"右派",开除党籍,并被送往北大荒劳动改造;"文化大革命"中又因有不满林彪、江青的言论而以"现行反革命"之罪被捕入狱,被判无期徒刑。在极为艰难困苦的处境中,他仍然保持着强大的精神力量,保持着一个作家的高贵人格和情操。在监狱里,他不畏缩,不沮丧,继续学习,继续思索,把当时能够阅读的《资本论》细细地读了四遍,有些篇章读了十几遍、几十遍,并在书页上贴了几千张小字条,记下要点和心得。他不仅自己读,还劝同监的年轻人读。就在被宣判无期徒刑的第二天,他还拟了三个有关《资本论》的问题,与同监的年轻人共同商讨。他在严酷的逆境中仍然不失对真理的崇仰之心和对未来的信心。

1979年,法院宣告聂绀弩无罪,之后他被改正错划的"右派",恢复党籍,恢复工作,重新获得写作权利。经历二三十年的精神摧残和监狱生活,聂绀弩的身体彻底垮了。重获自由后,他本可以好好休息以享受人生最后的时节,至少可以躺着看看闲书,不必再那么劳累了,然而,他偏选择了劳累——确确实实的劳累,因为,他的身体已经丧失自由活动的能力,就连坐着都很吃力。他的体力在监狱里几乎耗尽了,现在支撑他坐着的是完全没有弹性的骨架,是没有被剥夺掉的生命最深层的意志。就是凭着这种坚强不屈的意志,聂绀弩整天在自己的小床上不停地写作。一天又一天,一年又一年,从1976年出狱到1986年去世,整整十年,就在那个角落里,就在那个空间浓缩的纸板上,他写出了上百万字精彩的诗歌、散文、回忆录和论文。聂绀弩的诗及散文嬉笑怒骂、冷嘲热讽、玩世不恭、随心所欲而充满自由气息,一经问世便引起轰动效应。他的所有作品都灌注着独立的人格和自由的精神,具有真情真性真品格真境界,发表后每每获得读者和社会的好评,但他一概不知道,知道了也不在乎。他只是顽强地坐在小床上不停地写、写、写,除

人生意义

了面对自己的良心之外,其他的都不重要。他十分珍惜好不容易获得的写作权利——没有经过磨难的人是不会理解的。他比谁都知道坐下来把握这一权利比什么都重要,于是他在晚年表现出了比"把牢底坐穿"更大的意志和力量,直坐到肌肉全部消失,坐到心血全被吸干,坐到从骨髓里吐出最后一个字。

有一个细节感人至深。1985年夏天,聂绀弩处于病危之中,发烧,昏迷,他的家人和周围的同事要送他到医院,但他死活就是不肯去,他用手死死地抓住小床,不管谁劝都不听,就是不肯上担架。一个平时温文尔雅、为人随和的人为什么如此固执和不近情理?当他的夫人和别人走后,他对身边的朋友说:"只要让我把《贾宝玉论》这篇文章写出来,你们要把我送到哪里都可以,怎么处置都行,送到阎王殿也可以。"原来,他始终放不下、至死都牵挂的,还是他的研究、他的写作。

聂绀弩最后的生命全消耗在他终生酷爱的文学事业上了。他的红楼思考凝聚着他对宇宙人生和文学艺术的全部见解,这是他最后最真实的心愿;就像一只蚕,必须吐出最后的也是最美丽的一缕丝,才心甘情愿死去。只要最后一缕丝能吐出来,他就可以死而瞑目!这个九死一生的诗人,其人生的最后希望已变得非常具体,具体到吐出一条可以称为"贾宝玉论"的丝。

聂绀弩最后的心愿和最后的遗憾,让人无限感慨。世间人与人的差别实在太大了,那么多人最后眷恋的是金钱、地位或者一顶桂冠,而聂绀弩眷恋的是他终生酷爱的文学,他要通过文学把他一生对世事的观察、对人生的感悟顽强地表达出来,贡献给他所眷恋的世界,以求对社会文明有所助益。

聂绀弩走了,人们评价他:"为这个世界留下了一颗不死的心,一份极有价值的文学遗产,还为我们留下了一个中国优秀知识分子的高贵的品格和英杰之气。这些著作和精神,将灌溉后人,哺育新的一代。"评价恰如其分,聂绀弩的名字和他的精神将永远留在

二 活出意义

读者心中。

(二十一) 孟二冬：传统文化和现代精神的完美融合①

孟二冬，1957年1月生，安徽宿县人，中共党员，北京大学中国语言文学系教授，博士生导师。学科专长为中国文学史及中国文学批评史，研究方向为魏晋南北朝隋唐五代文学。

多年来，孟二冬坚持党的教育方针，热爱教育事业，热爱学生，坚持不懈地教育学生追求真知，树立正确的人生理想，成为学生健康成长的良师、高尚人格的楷模。孟二冬淡泊名利，甘于寂寞，潜心治学，撰写了《中国诗学通论》(合著)、《中唐诗歌之开拓与新变》《韩孟派诗传》《千古传世美文》《陶渊明集译注》《中国文学史》(参编)等400多万字的专著。他历时七年，经过大量艰苦的研究，完成了100多万字的《〈登科记考〉补正》，荣获北京市第八届哲学社会科学优秀成果一等奖以及北京大学第九届人文社会科学研究优秀成果一等奖，得到了我国文学界和史学界的高度评价。

为支援新疆高等教育事业的发展，孟二冬主动要求参加了北京大学对口支援新疆石河子大学的教学工作。2004年3月8日，到新疆支教的第二周，他的嗓子开始沙哑。他以为是咽炎，仍坚持每天上课。可是，他的嗓子沙哑得一天比一天厉害，还常伴着剧烈咳嗽。他去了校医院，每天打针、吃药，仍然坚持上课。同学们发现，课堂上孟老师的声音越来越微弱，后来不得不用麦克风。校领导和老师请他休息几天，等嗓子好了再上课，他却微笑着说："没关系，我还能坚持。"

除了给石河子大学中文系2002级138名学生讲授《唐代文学》必修课外，孟二冬还为中文系教师开设了《唐代科考》的选修

---

① 本书编写组编：《100位新中国成立以来感动中国人物》，北京工业大学出版社，2009。

课,他把多年研究的心得毫无保留地奉献给石河子大学的同行们。此外,他还利用晚上休息的时间与中文系的教师座谈,为推动石河子大学中文学科建设出谋划策。4月17日,在老师们的再三要求下,孟老师来到当地医院检查。医生立即给他做了"禁声"的医嘱。可是,第二天,他又站到了讲台上。

按照支教安排,4月26日是孟二冬给同学们上的最后一课。孟老师嗓子沙哑得更厉害了,并不时伴着阵阵咳嗽。虽然他表面上看起来很平静,但同学们都知道,孟老师是在强忍着巨大的病痛,许多同学的双眼噙满了泪水……下课铃声响了,孟二冬讲完了最后一课,在热烈的掌声中踉跄地走下讲台。孟二冬以坚强的意志,忍受着病痛的折磨,完成了每周10学时的教学任务,中间没有休息一天。下课后,孟二冬来到校医院。诊断结果令他大吃一惊:一个乒乓球大小的恶性肿瘤挤压着他的气管,使他难以发声;挤压着他的食管,使他难以下咽。医生要求孟二冬立即住院。

2004年5月2日,孟二冬被紧急送回北京,在北大医院胸外科进行首次手术治疗,手术进行了近20个小时。紧接着,他在一年之内又经历了三次大手术、几次化疗,病情暂时得到了控制。面对病魔,他以顽强的毅力坦然相抗。他的乐观积极感动了身边每一个人。他热爱教育事业,就是在病榻上的一年多里,他始终坚持亲自指导学生,送走了三名硕士生,又新招了两名硕士生和三名博士生,还亲自辅导他们的毕业论文写作。他修改并再版了《中国文学史》;在《北京大学学报》上发表了《中国文学的乌托邦理想》;在《国学研究》上发表了7万字的《陶渊明无弦琴的认同与启示》。他甚至在暑假时还报名参加了中文系工会组织的驾驶学习,一个月就拿到了驾照。2006年4月,孟二冬获得首都精神文明建设奖。同年4月22日,孟二冬因病医治无效于北京逝世,享年49岁。2007年年初,孟二冬被授予"全国模范教师"称号。

20多年的治学生涯中,他甘于寂寞,潜心治学,得到了文学界和史学界的高度评价。他的导师袁行霈这样称赞他:"他是一个能坐得住的人,他的心能沉得下来,大千世界的种种诱惑,都动摇不了他对学术的执着追求。""孟二冬为人清正刚毅、治学勤勉踏实。他待人诚实,非常值得信赖;做学问一是一、二是二,绝无花架子。"北大中文系系主任温儒敏这样评价孟二冬:"孟二冬已经到了职业道德的最高境界,那就是把从事的教导育人、潜心治学作为一种职志,当作一种追求。进入这种状态后,自得其乐,成为一种人生境界。在当今一切都讲求经济效益的气氛中,孟二冬的这样精神和学风显得比较'另类',但这正是其可贵之处。"

对于孟二冬的人格魅力,北大社会科学部部长程郁缀的总结更有深度:"孟二冬研究的是中国传统文化中最精彩的部分——唐代诗歌,正是中国优秀的传统文化哺育了他,而他又是充满着现代意识的知识分子,可以说,他就是传统文化和现代精神的完美融合。"

(二十二)汪侠:为了理想和信念,83岁第12次参加高考[①]

2012年6月7日,"中国第一大考"中国高等教育入学考试开考。一早,南京文枢中学门口挤满送考家长。人群中,83岁白发老翁、"高考狂人"汪侠弓着背、背着挎包缓缓走来,遇到记者拉低帽檐,摆手低头绕过,掏出准考证,在工作人员的搀扶下走入考场。这是汪侠第12次参加高考。他告诉记者:"人都有点理想,希望你们也能理解我。"

由于在20世纪50年代3次参加高考未中,2001年,时已72岁的汪侠老人再度"复出",成为当年中国年龄最大的考生。由于

---

① 朱晓颖:《南京83岁老人第12次高考 为国内年龄最大考生》,中新网,2012-06-07。

成绩不佳,他前后共12次参加高考,成为中国民众眼中的"高考狂人"。

1949年高中毕业后,他曾从事过30多年的医疗工作,所以老人的考试动力,就是希望用文凭证明自己的医术。2002年,南京医科大学临床医学系破格"录取"其为旁听生,汪老在校49门功课全部合格,但因没有学籍,还是没能拿到毕业文凭。今年高考前,曾有媒体称老人因身体原因弃考,但汪侠依然出现在考场。

汪老对文凭仍有着深深的情结:"现在没有学历,在医院怎么行,做内科、外科都不要。为什么那么想要这个学历?一是身体允许,二是(高考我是)完全自学的,小时候就喜欢读书……"

回想起12年来面对的众说纷纭,老人十分感慨:"我参加高考,健康情况允许,我也不拿它当个负担,也不拿它当个荣耀,希望你们也能理解我。每个人都有点理想,都有一点信念,都有点追求,我也不是追求名利,对我来说(考学历)是种乐趣,搞个专业也是乐趣。我都实话实说,也不怕什么。"

"家里儿子、女儿都支持我,但是爱人反对……"因怕家人反对,阻止他考试,老人在考点附近找了个宾馆住下。"昨晚就住宾馆了,宾馆的条件哪里有家里好呢?但是我要坚持一下。"汪侠说。

刚刚考完首门功课,汪老回到自己的房间。床上堆着《中国古代作家作品简介》《中国古代史》《高中语文》《数学》等书籍,一些已经颇有年头,扉页发黄,书中夹满笔记纸条。桌上放着空饭盒和米糊粉。"身体已经不及五六年前,去年查出有反流性食道炎。"汪老说。

当记者提出"每年一问"的"明年是否参考"时,老人一贯回答:"现在很难讲。先把今年的考完。"

（二十三）王广亚：一生在台湾和大陆独资创办十所学校奉献社会①

王广亚，男，汉族，1922年6月30日出生，河南巩义人，祖籍巩义大峪沟海上桥村。毕业于日本亚细亚大学经济系，1977年获美国加州联合大学荣誉教育博士，1997年获韩国清州大学校名誉经营学博士，2009年获韩国南部大学校名誉哲学博士，2010年获日本创价大学名誉博士。1948年在台北创办私立育达高级商业家事职业学校，1955年在桃园县创办桃园育达高级中学，1999年又在苗栗创办苗栗育达商业科技大学。现在校生达31000人，毕业生累计达30多万人。王广亚先生也因此被推荐为台湾私立教育事业协会理事长长达27年，并获选为台湾第一届私校十大杰出教育事业家。

王广亚先生现任台北育达高级商业家事职业学校创办人、桃园育达高级中学创办人、苗栗育达商业科技大学创办人、郑州升达经贸管理学院创办人、内蒙古经贸外语职业学院创办人、北京育达高级职业学校创办人兼董事长、郑州市升达艺术馆创办人、财团法人广兴文教基金会董事长，先后著有《教育行政》《商业与心理》《商科大辞典》《生活小语》《进德与修业》《杏坛纵横》《成功与失败》《人生拾零》《每周座右铭》《杏坛拾穗》《杏坛履痕》《拥有与享有》《杏坛随笔》《乐育菁莪集》《人际礼仪》《学校管理》《杏坛鳞爪》《私教协会与我》《育达与我》《升达与我》《三本教育思想》《广亚锦言拾粹》《成功与我》《八八忆往》《烛火集》等。

王广亚先生热爱家乡，对家乡教育事业的发展及社会建设非常关心，不遗余力。1990年他首次回到阔别多年的故乡，这个在海外漂泊多年的游子带着回馈桑梓的心情，首先在家乡海上桥投

---

① 成功学院网站首页"创办人简介"[2013-03]。

资兴办了一所小学,还了自己一个心愿,此后又陆续创办北京育达管理科学教育中心、内蒙古经贸外语职业学院,在与河南省及郑州市的领导谈及河南省的教育状况时,他感觉到,河南地处中原,人口密集,高等学校太少,学生上大学的机会少,这直接影响人才的培养,制约着家乡的经济发展,于是萌发了在河南建立全国一流大学的愿望。

20世纪90年代初,年届八旬的他多次回河南考察。虽历尽艰辛,但他造福桑梓的初衷始终未变,在省、市领导的大力支持下,郑州升达经贸管理学院校址定在新郑双湖开发区。目前,升达已为社会培养了三万多名优秀毕业生,学生遍及全国各地,在社会上享有很高知名度。

继郑州升达经贸管理学院之后,另一所寄寓着创办人极大期望的高等院校——郑州成功财经学院诞生了,它坐落在河南巩义市新区紫荆路136号。学院总投资4.96亿元(不含土地),占地面积1390亩,建筑面积30余万平方米,教学科研仪器设备值近4000万元,图书馆藏书90余万册。成功学院紧扣当代教育的脉搏,以全新的竞争能力、开放的教学模式、雄厚的师资队伍、现代化的教学设施,为莘莘学子汲取知识、吮吸营养、腾飞理想、成就未来搭建了一个坚实的平台,拓展了一条成功的大道!

王广亚先生集一生的办学经验,形成了"伦理、创新、品质、绩效"的办学理念,"勤俭、朴实、自力、更生"的办学作风,"爱国爱校、宁静好学、礼让整洁"的办学精神,"计划创新、执行彻底、考核严谨、赏罚分明"的行事准则,"三严"(严管、严教、严考)、"三心"(爱心、关心、耐心)、"三特色"(两证多照,守时、守信、守法,培养大学生的风度)的办学要求。

关于一生办学的动机,王广亚先生在《我与成功》(河南人民出版社,2009)一书中有过明确的表述:

广亚一生朴实勤俭,以教育为业,称不上"大款"富豪。我几十年来，一贯坚持的原则是取之于学生，用之于学校，回馈于社会，服务于社会。

广亚历来主张办教育是为社会造育良才，是公益事业、良心事业，绝不是图个人一己之利。熟悉育达创办历程的人都知道，育达从无到有，由简陋到美好，由竹篱茅舍到高楼广厦，从筚路蓝缕到美轮美奂，一步步，一点点，都是广亚亲手惨淡经营起来的，但我从不把育达当成个人的私产。育达商职早在20世纪的1962年就已经办妥了财团法人登记，全校数亿资产，都属于社会大众所有。

1993年我回郑州创办升达大学时，就曾不止一次公开言明，回河南家乡办大学完全是为回馈桑梓，造福中原子弟，别无任何私念。我的慷慨投入绝不是为了获得丰厚的经济回报。如果将来升达学院实现了收支平衡并有所节余，我也不会往台北拿一分钱，所有节余要全部用到学校发展和师生员工的福利上。广亚办教育不是开学店，不是为了从学生身上捞钱，相信广亚绝不是说空话。2003年11月1日，在升达10周年校庆隆重典礼上，广亚当着省市有关领导、两岸数百名各界贵宾和升达学院1万多名师生的面，再次公开声明：升达学院从开始的第一天起，就不是属于我个人的，而是属于升达人，属于全社会，属于国家的。这时的升达，我已投入两亿元的资金，在校学生突破了万人大关。黉舍巍巍，设施一流，绿树成荫，成为一座漂亮的高等学府，但我并不把它看成是自己的私人领地，而把它当作公益事业，当作自己奉献社会的方式。

成功学院建成招生开学之日，我也同样宣布，学院的全部资产都属于社会，广亚只是奉献，只是回馈，无心据为私产。

广亚办学，像滚雪球一样发展，由最初的一所育达商业职校滚成了今天十所大中小学校。有人认为，我可算是"大款"了，有金钱财富了，可以尽情享受了。这是误解，我没有把这十所私校当作私产，而是当作奉献社会、回馈社会的公产。我自己至今仍过着普通人的生活，住普通的公寓，吃平常的饭食。我的心很坦然，我最珍贵的财富是什么？两个字——健康。

从上述坦诚的表白中，我们看到的是一个人崇高的理想、坦荡的胸怀、高尚的人格、无私的境界；看到了他的人生观和价值观，看到了他对于人生意义的理解。他以一生艰苦卓绝的奋斗，活出了他的人生意义。

（二十四）陈树菊：台湾卖菜大婶酱油拌饭捐千万[①]

2010年，台湾卖菜大婶陈树菊被评为"亚洲《福布斯》年度亚太地区杰出善心人士""美国《时代》杂志年度全球百大最具影响力人物""台东之光"……她的事迹频频登上台湾媒体头条新闻的位置：她日复一日卖着"50元（新台币，下同）三把青菜"，48年中她省吃俭用捐献了1000多万台币（约214万元人民币）帮助他人。她默默行善的行为被报道后，感动了全世界。

1957年，陈树菊进入仁爱小学就读，当时一家8口人都依靠父亲卖菜维持生活。然而，小学毕业时，家中却接连发生变故，家里最后穷得连母亲就医的保证金都缴不起，眼睁睁看着母亲离世。为了养活家里的4个弟妹，13岁的陈树菊只好辍学，接手家里的菜摊。她每天清晨4点起床去批发蔬菜，然后运到菜市场叫卖，一直忙到晚上9点收摊。她从未叫苦喊累，风雨无阻，在菜摊上度过了48个年头。除了大年除夕，她几乎全年无休，只有在2003年"非典"时期，她才休息了几天，"因为菜场经常要进行消毒"。

由于忙着照顾家中老小，陈树菊至今未婚。现在，令她欣慰的是，兄弟姐妹都已成家立业，家里人都很上进，品性也好，常回家看望她，这已经让她感到非常满足。

1993年，陈树菊遵照父亲遗嘱捐款100万元给佛光学院；2004年，她把多年卖菜积蓄的100万元捐给儿童基金会；2005年，

[①] 杜榕：《陈树菊：酱油拌饭捐千万》，《环球人物》2010年第13期。

她得知仁爱小学要建图书馆,就把全部积蓄450万元捐出。加上她不时帮助其他慈善团体,近20年来,陈树菊共捐了1000万元。仁爱小学特别把她捐助的图书馆命名为陈树菊图书馆。她却说:"一个人,留那么多钱给谁?钱,要给需要的人才有用。"

陈树菊慷慨做慈善,其实她挣钱相当不容易。她幼年时曾被烫伤,右手手指神经受损,五指蜷曲;双足又因为长期站立,压迫脚掌成五角形,深受脚疾之苦。几十年来,无论刮风下雨严寒酷暑,她都坚守在菜市场。她所在的市场,平日一到中午,多半摊主都已收摊,只有她还留守,她的菜摊常年都是最后一个收摊。3个月前,陈树菊因下肢蜂窝性组织炎到台北就医,医生要她住院一个月,她一星期后就溜回台东,生怕延误卖菜存钱的进度。她这么放不下菜摊,是因为计划再捐千万元新台币,奖励台东清贫的学生。

陈树菊慈善很大方,但自己的生活却很清苦。据家人说,她一天吃饭用不到100元新台币,或是酱油拌饭,或是整整一周只吃一瓶豆腐乳佐餐;最奢侈也就是买个快餐,中餐吃一半,晚餐再吃一半。一名常向她买菜的妇女说:"阿菊常吃碗面就算一餐,赚的钱全拿去做公益,老顾客知道她做善事,向她买菜都不杀价,甚至不要找零。"

5月4日,她应邀赴纽约参加美国《时代》杂志举行的"全球百大最具影响力人物表彰晚宴"。晚宴上大多数宾客都是盛装出席,女性多穿曳地长裙礼服,只有陈树菊一身朴素的套装。她笑着说:"套装是在台东买的,2000元新台币,我还杀价了哦!"

谈起陈树菊的美国之行,弟弟陈洽铭说:"这星期大概是姐姐这辈子去店里洗头最多的了。"他说大姐节俭到"让家人都很心疼"。"平常只有节日,在家人的再三劝说下,她才会去理发店剪个头,多半时候她都会拒绝,然后还会说:'卖菜,妆那么水冲啥米(搞那么美做什么)?'"

当有记者问陈树菊得知获奖的第一反应是什么,陈树菊回答:

"我不知道得什么奖？你们（媒体）不要乱讲，我没有参加什么比赛，我也没有捐很多钱。"陈树菊一直对得奖不太在意，一开始也不打算去美国领奖；后来台东县政府积极游说，马英九亲自打电话才说服了她。面对媒体的包围，陈树菊很不自在，她担心市场里会挤满来拍照的观光客，她只想恢复原本平静单纯的生活，专心卖菜。她说："我是小人物，不值得报道。"

台湾大学社会学系副教授何明修对记者说，陈树菊之所以受到社会关注，是因为人们现在需要这样一个道德榜样。"这在某种程度上反映了一个社会的氛围。让我们看到一个小人物，她有无限大的爱心，默默地做自己的事情；而现在人们对公众人物，特别是某些政治人物失去了信任，所以形成了很大的反差。"陈树菊的可贵之处在于她的真诚，做善事发自内心，与一些公众人物借慈善之名为自己谋利形成了鲜明对比。

陈树菊的事迹的意义在于激发更多的人做善事。陈树菊现象已经将台湾民众和媒体的注意力转移到普通人身上，爱心效应正在慢慢传递：在台湾屏东县恒春镇市场，卖猪肉的大婶吴水女27年来行善如一日，也被广泛报道；台中县有一位"回收"大婶郭端，爱心与阿菊不相上下，85岁高龄的她，10多年来每天不畏风雨坚持上街，把资源回收所得的全部款项捐出来帮助弱势人群；还有新竹县新埔镇88岁老人胡寿宏，将自己所有积蓄100万元新台币捐出……

社会的进步依靠每个人的力量，陈树菊的小菜摊散发的善良光芒，已经照亮了很多人的心。

（二十五）特蕾莎修女：活着就是爱[①]

特蕾莎修女（1910～1997），又称作德兰修女、泰瑞莎修女，是世界敬重的天主教慈善工作者，主要替印度加尔各答的穷人服务，于1979年得到诺贝尔和平奖。

特蕾莎修女出生于奥斯曼帝国科索沃省的斯科普里（前南斯拉夫联邦马其顿共和国首都）的天主教家庭，父亲是成功的杂货承包商，家中说阿尔巴尼亚语，在她居住的镇上多为穆斯林和基督徒，仅有少数天主教徒。

特蕾莎说，在12岁加入一个天主教的儿童慈善会时，她就感觉自己未来的职业是要帮助贫寒之人。15岁时，她和姐姐决定到印度接受传教士训练工作。18岁时，她进了爱尔兰罗雷托修会，并在都柏林及印度大吉岭接受传教士训练工作。三学期后，特蕾莎正式到了印度加尔各答，在圣玛莉罗雷托修会中学担任教职，主要教地理。1931年，特蕾莎正式成为修女，1937年5月决定成为终身制的修女，并依法国19世纪最著名的修女圣女德莉莎（St. Theresa）的名字和精神，改名为特蕾莎修女。1940年代初期，特蕾莎在圣玛莉罗雷托修会中学担任校长一职，但当时印度贫富差距非常大，校内一片安宁，但校外满街都是无助的麻风病患者、乞丐、流浪儿童。1946年9月，特蕾莎到印度大吉岭的修道院休息了一年，她强烈地感受到自己要为穷人服务的心，返回加尔各答后，她向当地的总主教请求离开学校和修会，但一直得不到许可。

1947年，加尔各答涌入了数以万计的难民，传染病，如霍乱和麻风病没有得到控制，在街头巷尾漫延开来。加尔各答街头，学校的高墙外，越来越像地狱，这折磨着特蕾莎修女的心。她不断向总

[①] 特蕾莎修女著：《活着就是爱》，四川人民出版社，2000；百度互动百科。

主教以及梵蒂冈请求,1948年,教皇终于给特蕾莎以自由修女身份行善的许可,并拨给她一个社区和居住所,让她去帮助有需要的穷人。特蕾莎马上去接受医疗训练,并寻找帮手。1950年10月,特蕾莎与其他12位修女成立了仁爱传教修女会(又称博济会),并将教会的修女服改为印度妇女传统服饰,以白布镶上朴素的蓝边,成为博济会修女的制服。

有一天,特蕾莎在靠近车站的广场旁发现一位老妇人倒在路上,像死了一般。特蕾莎蹲下来仔细一看:破布裹脚,爬满了蚂蚁,头上好像被老鼠咬了一个洞,残留着血迹,伤口周围满是苍蝇和蛆虫。她赶紧替老妇人测量呼吸及脉搏,为她赶走苍蝇,驱走蚂蚁,擦去血迹和蛆虫。特蕾莎心想,如果任她躺在那里,必死无疑。于是她暂时放弃了去巴丹的计划,请人帮忙把老妇人送到附近的医院。医院开始时对这个没有家属的老妇人不予理会,在特蕾莎的再三恳求下,医院才答应为老妇人医治,然后对特蕾莎说:"必须暂时住院,等脱离危险期后再找地方静养。"为了让更多需要帮助的人得到救助,特蕾莎费尽周折建立了一个收容所。此举一开始受到印度教区婆罗门的强烈反对,理由是特蕾莎修女不是印度人,然而特蕾莎修女不畏反对,依然在街头抢救许多临危的病人到收容所来为他们治疗,给他们休息的地方,其中也包括印度教的僧侣,此举感动了许多印度人,于是反对声浪渐渐地平息下来。

自从找到落脚点后,修女们很快就将三十多个最贫困痛苦的人安顿了下来。其中有个老人,在搬来的那天傍晚即断了气,临死前,他拉着特蕾莎的手,用孟加拉语低声地说:"我一生活得像条狗,而我现在死得像个人,谢谢了。"

七年后,特蕾莎的仁爱传教会分别又在印度首都新德里和兰奇设立了两座这样的垂死者收容院。20世纪60年代,特蕾莎的收容所在加尔各答成为知名的地方。在街头生病、需要帮助的患者都知道这个地方能够让他们得到安息。收容所迅速扩容,因人手不足,开始招募世界各地的义工,透过义工的口耳相传,也打开了知名度。1969年,英国记者马科尔·蒙格瑞奇拍摄了一部以特蕾莎修女为主的纪录片《Something Beautiful for God》,片中拍出了收容所和印度街头惊人的贫穷和无助,以及特蕾莎修女决定终身侍奉最贫穷的人的精神,让许多人相当感动,也让特蕾莎修女成为世界名人,人称"加尔各答的天使"。

1971年,教皇颁给特蕾莎修女和平奖,同年的肯尼迪奖也颁发给了她;此外,1975年Albert Schweitzer国际奖也颁发给了她。她还获得1985年美国总统自由勋章、1994年美国国会金牌;2003年10月,教皇若望·保禄二世把她列入天主教宣福名单。1979年,特蕾莎修女获得诺贝尔和平奖,当时她拒绝了颁奖宴会和奖金。媒体问她:"我们可以做什么来促进世界和平?"她回答:"回家和爱您的家庭。"

1997年4月,特蕾莎修女跌倒伤及锁骨,8月接受了心脏移植手术,从此健康状况日差,9月,87岁的特蕾莎修女逝世,留下了4000个修会的修女,超过10万以上的义工,还有在123个国家中的610个慈善工作。印度为她举行了国葬,她受到了全世界爱好和平的人们的尊敬。

(二十六)卡内基:"在巨富中死去是一种耻辱"[①]

1835年11月25日,安德鲁·卡内基出生于苏格兰古都丹弗姆林。父亲以手工纺织亚麻格子布为生,母亲则以缝鞋为副业。父母虽穷,却为人正直,始终充满着积极进取的精神。这是一个继承了自豪、自立、自尊的光荣传统的家族。

由于生活艰难,卡内基13岁那年全家移居美国,先在东海岸的纽约港,后又辗转来到匹兹堡。移民的生活非常清苦,小卡内基

---

① 根据卡内基的传记和网络相关材料编辑。

最早在一家纺织厂里当童工，一星期挣1.2美元。白天做工，晚上读夜校，十分辛苦。16岁那年，他来到匹兹堡的大卫电报公司做信差。虽然他当时对路一点都不熟悉，但却向公司许下诺言，说自己一个星期就可以记熟全城的线路。公司的经理被卡内基的毅力感动，留下了他。而卡内基也实现了自己的诺言，成为公司的熟练工。当时每月工资25美元，他有空就会贪婪地阅读莎士比亚等的作品。卡内基的阅读习惯主要归功于荣民詹姆斯·安德森（James Anderson）上校的启发。安德森家中藏有四百部左右的书籍，他当时很同情附近失学的青年工人，于是每星期六晚上特地开放自己的图书馆，让那些不幸的年轻人能到他家来借书、看书。当时卡内基每周必到，每回都借出不少书。

美国内战前，卡内基和一款卧铺车的发明者伍德罗敷结成了合伙经营关系，投资获得了巨大成功，得到了可观的利润。日后，卡内基又通过投资进一步增加财富。后来，在南北战争期间，他逐渐运用各方面的潜能和知识，慢慢建立起自己的事业基础，最终成为美国著名的钢铁大王。他的财富仅次于石油大王洛克菲勒，被称为美国同时也是当时世界第二富豪。卡内基的事迹遂成为美国家喻户晓的传奇，卡内基的名字成为美国人崇拜的偶像。

作为富豪，卡内基和其他富豪的区别在于，他始终以追求人文知识和精神理想为人生的第一要务，至于金钱，则够用即可，其余均可以捐献。他认为财富不应当传给自己的后代，因为他相信一个人致富之后首先必须回馈社会，这才是民主制度下应有的伦理精神。他曾在自己的座右铭中这样写道：

人活着不只需要面包。我亲眼看见有些百万富翁因缺乏人文精神的滋养而面临人性的饥饿；相反，有些所谓的穷人却在精神上十分富有，远非百万富翁可及。由此可知，是一个人的精神使他的身体变得富有。一个只拥有金钱而别无所有的人乃世上最可怜的人——因此我想把自己提升到更高的理想层面。我希望尽自己的能力帮助别人获得心灵的启发和愉悦,帮助他们发展精神上的东西,当然也希望能实际帮助劳苦的工人——让他们也尝到人生中的甜蜜和光明。我想这就是财富的最大用处了。

一生不断的阅读把卡内基引向了写作的道路,他的后半生大多过着淡泊的"半作家"生活。平日他尽量远离城市(虽然他在最繁华的纽约第五大街上有座公寓),除了外出处理慈善事务,大部分时间他都退隐在老家苏格兰的一座别墅里。在那儿,他把许多时间都花在阅读和写作上,曾出版过一本题为《胜利的民主制度》(1886年)的书。后来他干脆全心写作,先后出版了七本书,尤以《财富的福音》最为著名——在那本书中,卡内基说明了财富的用处,以及富人对公共社会的重大责任。他再次强调,一个人绝不可把金钱当作偶像。所谓"福音",就是把金钱化为公共利益的"福音"。

在这种财富观的支配下,卡内基本人成为一名著名慈善家。1911年,卡内基以1.5亿美元创立"纽约卡内基基金会",奠定了现代慈善事业的基础。卡内基在事业有成之后,仍记得当年在匹兹堡工作时,每星期六下午热切等待利用图书馆的心情,以及图书馆藏书带给他的快乐与满足。1881年,他捐赠了第一座图书馆,之后的16年内,他一共捐资1200万美元,仅仅在美国境内就捐建了三千座卡内基图书馆;此外,其他国家,如加拿大、英国、澳大利亚、新西兰等,也都有他捐建的图书馆。卡内基说道:"当你为社区兴建图书馆,就像为一个沙漠引进一条水流不竭的溪流。"他购买大量土地用作国家公园,又在匹兹堡创办了卡内基大学。1906年,他买了一座三英里长、八百英尺宽、风景优美的人工湖,捐赠给普林斯顿大学。

1919年去世前,卡内基一共捐出三亿五千多万美元。卡内基认为财富不应当传给自己的后代,临终前立下遗嘱,要把剩余的三千万美元全部捐出。他留给世人最为著名的话是:"一个人死的时候如果拥有巨额财富,那就是一种耻辱。"(一般简化为"在巨富中死去是一种耻辱")卡内基的慈善行为引得同时代富人纷纷效仿,并且这个传统一直延续到现在。卡内基是改变了世人(尤其是富人)财富观的人,这种观念本身就是人类所有的巨大的精神财富。

(二十七)比尔·盖茨:世界首富将全部财产捐赠慈善事业①

比尔·盖茨(Bill Gates),全名威廉·亨利·盖茨(William Henry Gates),退休前任美国微软公司董事长。1955年10月28日,比尔·盖茨出生于美国西海岸华盛顿州的西雅图,父亲威廉·亨利·盖茨是当地著名律师,母亲玛丽·盖茨是华盛顿大学董事及国际联合劝募协会主席。他的外祖父J. W. 麦克斯韦尔曾任国家银行行长。比尔和两个姐姐一块长大,曾就读于西雅图的公立小学和私立的湖滨中学,在湖滨中学,盖茨认识了比他高两个年级的保罗·艾伦。比尔·盖茨是一名出色的学生,13岁时,他发现了自己在软件方面的兴趣并且开始了计算机编程,并预言自己将在25岁成为百万富翁。

1973年,盖茨考进哈佛大学,和后来微软的首席执行官史蒂夫·鲍尔默结成了好朋友。在这里,他为第一台微型计算机MITS Altair开发了BASIC编程语言的第一个版本。在三年级的时候,盖茨离开了哈佛并把全部精力投入到他与保罗·艾伦在1975年创办的微软公司中。在"计算机将成为每个家庭、每个办公室中最重要的工具"信念的引导下,他们开始为个人计算机开发软件。盖茨的远见卓识以及他对个人计算机的先见之明成为微软在软件产业成功的关键。在盖茨的领导下,微软持续地发展、改进软件技术,使软件更加好用、更省钱和更富于乐趣。

---

① 根据"百度百科"整理。

二　活出意义

　　1999年，盖茨撰写了《未来时速》一书，向人们展示了计算机技术是如何以崭新的方式来解决商业问题的。这本书在超过60个国家以25种语言出版。《未来时速》赢得了广泛的赞誉，并被《纽约时报》《今日美国》《华尔街日报》列为畅销书。盖茨的上一本书，于1995年出版的《The Road Ahead》（未来之路），曾经连续七周名列《纽约时报》畅销书排行榜的榜首。盖茨把两本书的全部收入捐献给了非营利组织，以支持利用科技进行教育和技能培训。

　　除了对计算机和软件的热爱之外，盖茨对生物技术也很有兴趣。他是ICOS公司董事会的一员，这是一家专注于蛋白质基体及小分子疗法的公司。他也是很多其他生物技术公司的投资人。盖茨还成立了Corbis公司，研究开发世界最大的可视信息资源之一——来自全球公共收藏和私人收藏的艺术及摄影作品综合数字档案。此外，盖茨还和移动电话先锋Craig McCaw一起投资Teledesic。这是一个雄心勃勃的计划，计划使用几百个低轨道卫星来提供覆盖全世界的双向宽带电信服务。

　　比尔·盖茨是微软公司主席和首席软件设计师。微软公司是为个人计算机和商业计算机提供软件、服务和Internet技术的世界范围内的领导者。盖茨还是一位商业奇才，独特的眼光使他总是能准确地看到IT（信息技术）业的未来，其独特的管理手段使得不断壮大的微软能够保持活力。微软事业的飞速发展让他的财富像神话一样增长，39岁成为世界首富，在《福布斯》排行榜上，盖茨1995～2007年蝉联世界首富，2008年排名世界第三，2009年又一次成为世界首富，2010年以微弱劣势降至世界第二。2011年9月登上《福布斯》"400位最富有美国人排行榜"榜首，2012年9月19日，根据美国《福布斯》杂志公布的2012年美国前400位富豪排行榜，盖茨蝉联美国首富桂冠。

　　让人想不到的是，这位世界首富虽然拥有巨额财富，但在物质生活方面却一直很节俭。他从不摆阔，始终保持随随便便、不大讲究的习性。在公司工作期间,他几乎很少回家吃午餐,通常会在公司以汉堡包当午餐,这是他的习惯。更让人想不到的是,他没有自己的私人司机,公务旅行不坐头等舱却坐经济舱,衣着也不讲究什么名牌;他还对打折商品感兴趣,请人吃饭只点汉堡。

事业成功、拥有巨额财富的盖茨,非常热心慈善事业。截止到2012年,盖茨和他的妻子成立的基金会已经将25亿多美元用于全球的健康事业,将14亿多美元用于改善人们的学习条件,其中包括为盖茨图书馆购置计算机设备,为美国和加拿大的低收入社区的公共图书馆提供互联网培训和互联网访问服务。此外,他们还将超过2.6亿美元用于西北太平洋地区的社区项目建设,将超过3.8亿美元用在一些特殊项目和每年的礼物发放活动上。

2008年6月27日,微软创始人、董事长比尔·盖茨宣布正式退休,淡出微软日常管理工作。盖茨的大学好友史蒂夫·鲍尔默全面接掌微软大权。盖茨还宣布把自己580亿美元的财产全部捐给其名下慈善基金"比尔与梅琳达·盖茨基金会",一分一毫也不留给自己的子女。同时,盖茨本人也将全身心投入到慈善事业中。此后,盖茨每周只会到微软上班一天,其他时间将放在慈善事业上。盖茨在接受美国《华尔街日报》采访时曾表示,自己"退休以后20%时间给微软,80%时间做慈善"。据海外媒体报道,盖茨曾表示,作为全职慈善家,他要去的第一站是中国。他的基金会将在中国推行几个关键的健康计划,包括HIV/艾滋病预防、乙肝疫苗接种和戒烟等,并设法将中国农业知识带到非洲去,改善非洲的农业。

一个全球性软件王国的创始人,放弃自己的至好、野心,转型做慈善家,这可以说是一个传奇。一个有着"世界上最好的生意念头"和"最聪明的头脑"的人,用他的放下,他对爱、平等和理想的追求,见证了一个美好心灵和伟大人格的诞生。

他不留遗产给后人,更超越了他的前辈慈善家——卡内基、洛克菲勒等。从观念史的角度讲,这是对人类既有的血缘文化和伦理精神的一次挑战,对全世界的亿万富翁和一贫如洗的穷人、资本家和打工仔,都是一次重磅锤击。我们完全可以大胆推论,如果他的行为和做法能广泛流传,并上升为一种文明习惯的话,整个人类历史都将从此改写。

(二十八)卢安克:长期在中国偏远山区支教的德国志愿者①

在村民眼中,他是一个不吃肉、不喝酒,给学生们上课不用课本,也不要报酬的怪人;在孩子们眼中,他是最好的朋友、老师,是可以一起爬树、在泥里打滚的玩伴;在许多人看来,卢安克就像白求恩一样,是能够感动中国的"洋雷锋",是很多人的偶像;在他自己看来,他与其他人一样普通,只是做了自己喜欢做的事情……他就是卢安克,一个在中国广西山区义务支教10年的德国志愿者。

2001年7月,广西东兰县坡拉村林广屯来了一个金发碧眼的外国人。他在村里以每月10元的价格租了房子开办学校,给当地失学的孩子上课。当时的林广屯不通电话,也不通公路,当地人大多只会讲壮族方言。人们觉得这个外国人真是一个怪人,不好好待在自己的国家,却跑到中国农村来给学生上课,还不要工资。几天后,村民知道了这个外国怪人名叫卢安克,是德国人,不吃肉、不喝酒、不抽烟、不赌博。当地人从来没有想到一个外国人会自愿到山里给孩子们上课,并且不要钱。

在村民眼中,德国怪人卢安克就是"洋雷锋",是来帮中国人搞教育的,老人和小孩都亲切地叫他"卢老师"或者"老卢"。

孩子们把卢安克当作最值得信任的玩伴,而卢安克也是最了

---

① 《德国志愿者山区义务支教10年》,中国青年网,2010-01-28。http://www.youth.cn。

解山里孩子的人。卢安克和孩子们最喜欢做的事情就是爬树、挖泥鳅,在泥地里打滚。白天,卢安克与学生一起去放牛,干农活;晚上,孩子们看电视剧,而他则在一边翻译他的书。卢安克与孩子们的关系很亲密,不少孩子会爬在卢安克身上介绍:"他是卢安克,我们都叫他老卢,老卢就是我爸爸。"

卢安克还是孩子们最好的老师。"世界上真的有鬼吗""男人和女人是怎么回事"是孩子们问得最多的问题。这些问题如果问家里的大人,孩子可能会被骂一顿,而当孩子向卢安克提出这些问题时,他们会得到一个很真诚的答案。

对于寒假和春节,卢安克会到学生家里过。他说:"我会每天去一个学生家,与他们生活,轮流做他们身边的大人。"

最令卢安克感到不安的是,很多女孩子因为看了媒体报道而声称爱上了他。对于"粉丝"的追逐,卢安克说:"她们说要到学校来找我,嫁给我,有的人甚至说要离了婚来嫁给我,这让我很担心。我想是时候告诉大家我已经有未婚妻了。"卢安克的未婚妻也是一名志愿者,她爱山里的孩子,学校的孩子们也很喜欢她。

卢安克多次提到自己就是板烈村的一个村民,就算他离开学校,也是暂时的。他说:"这里有我的学生,他们需要我,所以我还会回到板烈的。"这个学期结束后,卢安克计划去广州看看。学生听说后都问他:"那你还会回来吗?"得到卢安克肯定的回答后,孩子们顿时欢呼起来:"卢老师不走!他还会回来!"卢安克说自己已经把这辈子交给了山里的孩子,"我们的命是在一起的,无论怎样我都会回来"。

在中国山村义务支教10年,躲记者成为卢安克日常生活的一部分。每当有记者来采访,他就会远远地躲到学生家里,等记者走了,再回到学校。他说:"媒体会把我塑造成名人,我只想做好我的事,我不想出名,做名人只会影响我的工作和生活。"很多人听说了卢安克的事迹后深受感动,但卢安克却说:"我很害怕去感动别人。

2006年,有人推荐我参加感动中国人物评选,我吓坏了,赶紧给评选委员会写信,让他们别选我。我不想感动中国,只能是中国感动我。"记者说:"很多人钦佩你,甚至崇拜你。"卢安克表示:"那是他们的感觉,我很普通,不想做偶像。很多人是通过媒体报道了解到我的,那并不是完全真实的我。一个人认为别人做的事是对的,也是应该去做的,但自己做不到或者不愿去做,他就只好钦佩或者崇拜。"

还有记者问卢安克:"你怎么能坚持那么多年?你所靠的力量是什么?"卢回答:"我根本不是坚持,而是喜欢。假如是坚持,我为什么还要逼迫自己难受下去呢?以前,吸引我在这里的是一种缘分,给我力量的是我对人类和精神的研究。虽然我的研究已经结束了,但我与我的学生的缘分不会结束。这带给我力量,让我过自己愿望的那种日子。假如我明天就死,也不会留下什么遗憾,因为我一直在做自己所愿望的事。"

(二十九)谭妮:她没想过改变世界,但世界因她而改变[①]

说明:谭妮·格蕾-汤普森,英国著名女性残疾运动员,关于她的事迹,我国记者柴静在她的博客里做过记述。题目是"你也许无法赢得一场战斗,但你仍能赢得整个战争",以下是原文。

大概五六年前,与李富荣一起在乒乓球中心,看新招来的队员对练,我随口问他:"这么多年你带出来这么多世界冠军,他们有什么特点么?"

他看了一会儿训练的人,指指一个每球都打得很拼命的十五

---

① 柴静:《你也许无法赢得一场战斗,但你仍能赢得整个战争》。柴静博客,2012年8月8日。

六岁的短发女孩:"她三年之后可以当世界冠军。"

我问:"为什么?"

他说:"所有的世界冠军只有一个共同点——他们都想当世界冠军。"

我采访谭妮的时候想起这句话。

在她幼年时,英国的街道上几乎看不到残疾人,残疾人通道少得可怜。她去看电影时会被挡在门外,她奶奶不愿意在别人面前承认她的疾病,小女孩在她背后喊"瘸子";她坐火车时,自己把轮椅扔下火车,再爬出来。网络上有人议论说:"像你这样的人,只配坐到牲口车的后座,才不会妨碍其他正常人。"

她的方式是:"我从来不会听别人告诉我能做什么,不能做什么。"

童年时她坐在轮椅上,会像别的女孩一样试着跳绳,甚至爬树,爬过海边的礁石,把没有知觉的双腿割得鲜血淋淋。

她个性极强,说不想当篮球队员,"因为受不了别人的愚蠢",但当她想成为轮椅马拉松运动员时,却连教残疾人的教练都找不到,有个教练对她说:"我永远不会训练你这样的人。"

她问:"'这样的人'是什么意思?女人?威尔士女人?染头发的,还是戴隐形眼镜的?哦,你是在说残疾人?"

教练只好尴尬地说:"你说得对,应该是坐在轮椅上的人。"

她每年训练五十个星期,包括结婚当天早上。在公路上训练出过两次车祸,好友死亡。我问:"你承受这一切是为了金牌,为了世界第一吗?"

她答得很简单:"对我来说,比赛就意味着要拿金牌,这就是我想要做的,成为世界上最好的,我想要赢。"

在五届奥运比赛中,她获得了十一枚金牌、四枚银牌、一枚铜牌,创下三十多项世界纪录,被《卫报》称为"英国最伟大的残奥运动员"。

二 活出意义

巴塞罗那残奥会,轮椅五千米发生大撞车,现场惨烈,BBC(英国广播公司)的导播犹豫要不要切换镜头,谭妮坚持要求播出:"法拉利赛车时翻车不会切镜头,那残疾人竞赛这件事也不值得人怜悯,也不应该怜悯,不用为他们感到遗憾。我们转播获胜,也记录失败。残奥比赛总得有输有赢,奥运会也一样。"

2000 年,BBC 年度体坛风云人物的颁奖晚会上,舞台没有设置滑坡,谭妮无法上台领奖,直播结束之后,BBC 接到了大量的观众投诉。谭妮却说:"我想 BBC 并没有恶意,只是忘了而已。之后他们立即做出改变,雇用全职人员负责此类节目,改变了对待残疾嘉宾的方式。那个星期,我接受了大约 85 个采访,后来我去的每个地方都有专用通道,我再也没去过不便利的地方。很多事情就这样被改变了。"

2010 年她被推举为上议院议员和终身贵族,上任之后质疑英国勋章制度缺少对等性。同样获得奖牌,其他残奥运动员与奥运运动员,在授勋待遇上有明显差别。今年伦敦奥运会,她公开为此抗争。

我问:"你要去跟什么东西抗争的时候,会有两种结果,一种是你赢了,但也有一种是你输了。"

她说:"是的,但运动员这个职业,能磨炼你对事情的态度。因为你不会每次都赢,有时候即使发挥得很好,你也不会赢。也许你不会赢得某一场战斗,但你仍能赢得整场战争,这是个英国谚语。你必须继续奋斗,永不言弃,不断保持前进前进前进。"

她从不退让,也不畏缩,从不自居弱者。

曾经有位英国记者,访问她时提了一个问题,说:"你坐在轮椅上,一定觉得自己是一个悲剧吧?"

她的回答是一个反问:"你作为一个记者,一定觉得自己是一个悲剧吧?"

这次奥运会上每个场馆都有宽度超过两米的座席,环绕赛场一周,视野和角度都是最佳,这些座席只属于残疾人。在伦敦交通高峰时极难停车,司机一边转悠一边对我们说:"看,每个地方,最外侧、最方便、最大的一个停车位,一定属于残疾人。任何其他人违章停车的话,会被立即拖走。"我们住的小酒店在一个古老而窄小的巷道里,但是,有台阶的地方都有改造的无障碍通道。

对于一个具有两千年历史的古老城市来说,要进行这样的全面改造并不容易,这取决于一个国家对于残疾人的态度。英国媒体评论说:"这四十年当中,谭妮·格蕾-汤普森为残疾人所做的一切,甚至超过了唐宁街的任何一个政治家。"

谭妮说,她从来没有想到过改变世界,她只是很自我地想要把自己推往极限,做到最好。但结果,世界为之改变。

(三十) 金能焕:韩国大法官退休后在夫人小超市"再就业"[①]

2013年2月6日,曾担任韩国大法官和中央选举委员会委员长的金能焕出现在首尔一家24小时营业的小超市中。他身穿登山服,围着一条有点褪色的围巾,在收银台前认真收银并找零钱。这家超市很小,只有25平方米左右,属于金能焕夫人名下,是去年刚刚开业的,用的是金能焕的退休金。而此前,金能焕的夫人金文卿由于担心对担任法官的丈夫产生不良影响,一直赋闲在家。

金能焕此前一天才结束33年的公务员生涯,随后就来到这家小超市"打工"开始新的人生。金能焕2006年至2012年担任韩国大法官,从2011年开始担任了两年时间的中央选举管理委员会委员长。他去年3月申报的财产是9.5亿韩元,但实际上全部财产就是一套房子。凭借曾担任6年大法官、2年多中央选举管理委

---

① 王刚:《韩大法官"裸退"挑战前官礼遇在小超市"再就业"》,《法制日报》,2013-03-12。

员会委员长的资历,按照韩国现在的行情,金能焕就职于大型律师事务所完全没有问题,而每个月的收入可能比他在小超市打工的几年收入还要高。但金能焕仅仅对外表示:"暂时只想作为普通人帮妻子,过平民生活。"

有韩国记者采访:"不觉得惋惜吗?做官员也赚不到多少钱,而别人都在卸任之后从事律师工作,凭借'前官礼遇'的惯例赚很多钱。"金能焕说:"那是别人的事情,和我无关。我觉得现在的生活非常好。"

朴槿惠政府上台前,金能焕曾被提名为总理候选人。当被问及今后是否打算重返政坛时,金能焕说:"我的官员生涯昨天已经结束,今后不会再重返官场。"

超市里没有客人时,金能焕会看金容沃的书——《中庸,人生滋味》,并表示:"媒体经常把我刻画成一个非凡的人,但我就是一个普通人。"

"前官礼遇"是韩国特有的官场文化,指政府高官因其在官场的影响力和人脉关系,在退职后被企业、律师事务所等高薪招揽。"前官礼遇"在韩国法律界尤为严重。根据统计,1990年以后卸任的50多名大法官中,没开律师事务所或就职于律师事务所的人屈指可数。上告到大法院的民事案件中,大法院没有审理就驳回的案件比率平均达65%。但如果该案件由前大法官出身的律师负责,那么案件的驳回比率剧降,仅为6.6%。所以韩国法律界有种说法,就是大法官出身的高官只要在律师选任书上盖个章就能拿到3000万韩元。

尽管韩国新总统朴槿惠在就职演说中强调要实现对社会弱者的法律公平,在当选后也曾表示要改变韩国社会目前存在的"有钱无罪""无钱有罪"的社会现象,但实际上本届政府的内阁组成人员中,有各种"前官礼遇"嫌疑的人不在少数。

因为"前官礼遇"在韩国是一种司空见惯,然而却明显有失公正的社会现象,所以金能焕拒绝"前官礼遇",不利用自己的人脉和关系"赚大钱",而是退休后在自家超市"再就业"的事情被韩国媒体大幅报道后,得到了广大民众的广泛赞誉,引起人们对于制度建设的深入思考。韩国媒体再次将矛头对准离任高官的"前官礼遇"陋习,认为只有法律和制度举措才能杜绝这一"事实上的犯罪"。鉴于这种态势,韩国新政府表示将修改《公职人员伦理法》,以期从法律和制度层面杜绝"前官礼遇"的陋习。

三　思辨意义

（一）人生究竟有无意义

人生意义，换句话说即人为什么而活着，实际上是在追问人活着的理由、生存的根据。这是人类自我意识觉醒以来，精神生活中最为重大、最为迫切的形而上问题。由于它的本源性、根本性，人们又称其为人生第一问题，人生哲学的"元问题"，用周国平先生的话说即"一切人生思考的总题目和潜台词"[①]。它无所不包、无处不在，无一例外地摆在每个人面前，迫使每个人思考它、解决它，从圣哲贤人到芸芸众生，包括不识字或识字很少的"文盲""半文盲"（当他们遇到烦恼感到活得很累之时，会冷不丁冒出一句沉痛的感慨：活着有啥意思呢？这不经意的一问，问的就是人生的意义）。古今中外人类最智慧的头脑以及普通百姓芸芸众生都参与了对这一问题的思考。下面，让我们简单梳理一下人们思考的结果吧！

A. 人生无意义论

在关于人生意义的讨论中，一个重要观点或者派别是，人生是

[①] 周国平主编：《人生圆桌》，第84页，广东人民出版社，1999。

无意义的。在"言说意义"部分,我们列举了五个人的观点,前三个是德国哲学家叔本华,俄国文学家、思想家托尔斯泰和英国小说家毛姆,这是历史上有影响的"重量级"人物;后两个是从网络上随机摘录的网友的观点。在网络上输入"人生意义",立马可以查到无数篇讨论文章,可见人们对它的关心程度。具体观点也主要分两派,有或无。

过去很长一段时间里,由于思想的禁忌,关于人生意义人们不敢说"无",现在言论自由了,敢说"无"而且晒到网上的比比皆是了,可见"人生无意义"论有比较广泛而普遍的"群众基础"。不仅当下如此,自古皆然。为了让读者对这一观点有更深入的了解,下面再补充几个"案例",让我们更充分地听一听这一派的理由和根据。

1. 曹雪芹:到头来都是为他人作嫁衣裳

《红楼梦》被认为是中国古代最具有人生深度的文学名著,其思想魅力让读过它的所有读者着迷。"迷"于何处?博大精深,难以尽述,但可以肯定的一点是,它对人生的感受和感叹,其中包括对人生意义的看法。《红楼梦》对人生意义问题的观点,在意识和理性层面,比较集中地体现在《好了歌》和《好了歌注》中。

好了歌
世人都晓神仙好,惟有功名忘不了!
古今将相在何方,荒冢一堆草没了。

世人都晓神仙好,只有金银忘不了!
终朝只恨聚无多,及到多时眼闭了。

世人都晓神仙好,只有娇妻忘不了。

三　思辨意义

君生日日说恩情，君死又随人去了。

世人都晓神仙好，只有儿孙忘不了。
痴心父母古来多，孝顺子孙谁见了？

好了歌注

陋室空堂，当年笏满床；衰草枯杨，曾为歌舞场；蛛丝儿结满雕梁，绿纱今又糊在蓬窗上。说什么脂正浓、粉正香，如何两鬓又成霜？昨日黄土陇头埋白骨，今宵红灯帐底卧鸳鸯。金满箱，银满箱，转眼乞丐人皆谤；正叹他人命不长，那知自己归来丧？训有方，保不定日后作强梁。择膏粱，谁承望流落在烟花巷！因嫌纱帽小，致使锁枷扛；昨怜破袄寒，今嫌紫蟒长：乱烘烘，你方唱罢我登场，反认他乡是故乡；甚荒唐，到头来都是为他人作嫁衣裳！

跛足道人的《好了歌》列出了通常被视为人生意义之所在的四大目标：功名、金银、娇妻、子孙。人们强烈贪恋这四种人间好东西，为了它们，连梦寐以求做神仙的美事也愿意放弃。但这些东西有什么意义呢？没有任何意义，人们所追求的一切美好到头来终不过一片虚无——白茫茫一片大地真干净。用跛足道人的话说就是，"世上万般，好便是了，了便是好；若不了，便不好；若要好，须是了"，因此才叫《好了歌》。穷困潦倒的读书人甄士隐一听便悟，借题发挥为《好了歌》作注，一口气罗列了十多种常见的由盛转衰、由色入空的人生世相，更是道破了人生的无常：一切都转瞬即逝，一切全靠不住。对人生既然"悟"到这一步，也就彻底解脱，没有任何留恋了，所以甄士隐"注"罢便将道人肩上的褡裢抢过来背上，竟不回家，同着疯道人飘飘而去——离世出家了。

当然，我们也注意到，《红楼梦》毕竟是艺术作品，艺术作品人物的思想不等于作者的思想,但作者借助人物表达自己思想的情况也普遍存在。具体到《红楼梦》,笔者认为《好了歌》和《好了歌注》所要表达的思想也就是或至少是接近曹雪芹的思想。

2. 钱钟书:目光放远,万事皆悲

现代智者钱钟书曾说:"目光放远,万事皆悲。"这里的"万事",笔者以为,不用说,自然包括对人生意义的理解,而且是"万事"中的首要大事。"目光放远",远到何处？还有比"终极"更远的么?!钱钟书话中暗含的意思,从终极角度看,即人生没有意义。

钱钟书的话让笔者联想起古人的一句话:"大事未明,如丧考妣;大事已明,如丧考妣。"这里的"大事"指的是什么没有明说,笔者认为所指肯定包括"人生意义"之类——对一个有点自我意识的人来说,还有比"为什么而活"更大的事么?!"大事未明"时,心中惶惶,如丧考妣(好像死了亲爹娘);"大事已明",即明白人生终无意义,这时心情悲凉,同样如丧考妣。

3. 周国平:人生意义是零

我国广大青年喜欢的学者周国平,最擅长以文学笔法谈人生,他的语录体著作《人与永恒》中有一则关于"人生意义"的专论:

人生的内容:a+b+c+d+……
人生的结局:0
人生的意义:(a+b+c+d+……)×0=0
尽管如此,人仍然想无限制地延长那个加法运算,不厌其长。这就是生命的魔力。[①]

[①] 周国平著:《周国平文集》第一卷,第78页,陕西人民出版社,1996。

三　思辨意义

当然，需要说明的是，这是周国平先生的早期观点。关于这一问题，后来他的思想有诸多发展。他在许多文章中都谈到人生意义，最新的观点体现在以下两则语录里：

> 人生的终点是死，是虚无，在终点找不到意义。于是我们只好说：意义在于过程。然而，当过程也背叛我们的时候，我们又把眼光投向终点，安慰自己说：既然结局都一样，何必在乎过程？①
>
> 最近有一所学校开展生命教育，让我题词，我写了三句话：热爱生命是幸福之源；同情生命是道德之本；敬畏生命是信仰之端。
>
> 这三句话，表达了我对生命观和人生意义之关系的看法。人生的意义，在世俗层次上即幸福，在社会层次上即道德，在超越层次上即信仰，皆取决于对生命的态度。②

4. 部分科学家③

在天文学家眼里，地球只是围绕着一颗小小恒星旋转的一颗小小的行星，它在大爆炸中产生，最终在碰撞和烈火中结束，人类的一切将灰飞烟灭，不会留下任何痕迹，人类的故事将无从讲起。

在地质学家看来，人类的生命只是瞬息存在于地球上，是严寒和炎热的恩典，是火山和大雨的怜悯；海洋与山峦侵蚀与反侵蚀的战争永不停息，互有胜负；大陆被地震破坏，而且破坏还会继续。

---

① 周国平著：《智慧与信仰》，第48～51页，中国盲文出版社，2006。
② 周国平著：《内在的从容》，第162页，湖南人民出版社，2010。
③ 威尔·杜兰特著：《论生命的意义》，第14～19页，江西人民出版社，2009。

古生物学者发现,上百万种动物曾经在地球上生活过一两个万古时期,而一个万古时期对于地球的生命来说是微不足道的,结果呢,所有的这些动物只是留下了几根骨头和岩石里的一些痕迹。

生物学家发现,一切生命之存在都要以其他生命体付出代价为基础,大的吃小的,然后又被更大的吃掉,强者永远以各种各样的方法利用和欺负弱者,能否杀生是能否生存的标志,繁殖就是自杀,爱情是新旧交替和走向死亡的前奏。用生物学的眼光看人类,男人对女人追求,人类对自己的身体犹抱琵琶半遮面的炫耀,所有招蜂引蝶的香水,所有优雅的动作,所有的偷窥,所有的浪漫故事、戏剧和电影,所有的挣钱活动,所有的"孔雀开屏"、高谈阔论、浑身发痒,这一切都是惯常的繁殖程序的一部分。仪式更为复杂了一点,结果还是一如既往:男人和女人弄出一个孩子。

在物理学家眼里,人只是一束分子、原子、中子或质子;在生理学家眼里,人只是肌肉、骨骼和神经的松散组合;在医生眼里,人只是会生病、会疼痛的一个红色的肉块;对于心理学家来说,人只是遗传和环境被动的代言者,只是饥饿和爱情控制下的一系列条件反射。这个奇怪的机体所产生的每一个思想都是幻象,每一个感觉都是偏见。

总之,在一些科学家眼里,我们这个物种只是不起眼的碎片,漫天横飞,直至毁灭。

5. 一些历史学家[①]

在一些历史学家看来,人类历史不过是一系列的兴亡故事,上千种人类在地球上生活过几千年,然而最终给后人留下的只有几

[①] 威尔·杜兰特著:《论生命的意义》,第20～23页,江西人民出版社,2009。

三　思辨意义

块他们用过的燧石和一些散乱的刻痕，上千种文明消失在大海里或被掩埋在地下。培根说历史就是一艘沉船的碎片，没有什么东西是可以确定的，除了衰落、退化和死亡。亚里士多德说历史进步是一种假象，人世间就像大海，表面上有各种各样的喧哗和骚动，但是最底层相对是稳定不变的。要说有进步，只限于物质世界，物质世界什么都进步了，就是人类不会进步。所有的历史——人类所有的积累和发现，有时看起来就是一个徒劳无功的循环。

总之，"人生无意义"论的基本思路是这样的：人终有一死，人死如灯灭，人一死，生前的千般辉煌万般热烈都化为虚无，还谈什么意义？！当然你可以反驳，你说李白虽然死了，但李白的诗篇还在流传，这就是李白人生的意义。这话当然不错，但终有一天太阳是要死寂的，地球是要毁灭的，在那一天远远没有到来之前，整个人类就从地球上消失了，到那时候，连人类和地球是否存在过都成了问题，个人乃至于整个人类的无论什么业绩还有什么意义呢？所以，从终极视角看，人生是无意义的。

B. 人生有意义论

"人生无意义"论的上述思路逻辑严谨，论证彻底，确实有说服力。但是，天下事，道理并不只一面；好多事，换个角度观察，结论就会不一样。诚然，从宇宙、从终极角度看，每个人，乃至整个人类都极其渺小，而且必然灭亡。但是，人类并不只是仅仅生活于宇宙中，还生活于具体、现实的社会环境中，生活于错综复杂的人际网络中。再者，各种科学仅仅把人视为生物、生理学意义上活着的生命，即从单细胞起源的一般动物，显然也是不合适的。诚然，人是动物，但不是一般动物，而是有思想有意识有灵魂的社会动物、文化动物——这是文明社会普通公民的一般常识；所以要考察人生的意义,就不能仅仅采用终极视角、科学视角。在人生问题上,科学往往是跛脚的,科学能看见宏观、微观世界但看不见比宇宙还广阔还复杂的人的心灵,科学的工具理性无法解决人生的价值问题。所以,终极视角、科学视角之外,还必须采用社会视角、文化视角。

社会视角、文化视角也可以说是现实视角、世俗视角、日常视角。把眼光从遥远的宇宙终极收回来,从目中无人的科学界走出来,投向活生生的现实的人的生存世界,我们发现人生是有意义的,而且时时、处处、事事都是有意义的。

有什么意义?因人而异,因时而异,因立场和观念而异。

《荷马史诗》中的英雄们,纵横驰骋,捐躯沙场,为的是个人荣誉、国家荣誉,为的是美人。《三国演义》中的英雄豪杰们为的是建功立业,匡扶社稷,保国安民,光宗耀祖。《水浒传》中的英雄们为的是杀富济贫,"替天行道"。《西游记》唐僧师徒四人历经千难万险,为的是西天取经,为的是慈悲为怀,普度众生。侠义小说中的侠客们为的是打抱不平,除暴安良。

《红与黑》的主人公于连认为,人生来就应该为个人的荣誉、地位、财富、女人等一切现世幸福而奋斗。作者司汤达直言不讳,称自己是一个自我中心论者,在他心目中,"利己"是人的本性,谋求个人幸福是人生的最高目的和人类一切行为的唯一动机,为荣誉、地位、财富和爱情而奋斗,是人生无可争议的伟大事业。

巴尔扎克笔下的"英雄"一个个欲火中烧,贪得无厌,为了金钱、地位、虚荣,为了最大程度的物质享受不顾一切,金钱成了他们活着的唯一意义,成了他们一切行为的最大动力。

我国几代人所熟知的《钢铁是怎样炼成的》主人公保尔对人生意义的理解是:"生命属于人们只有一次。人的一生应当这样度过:当他回首往事时,他不因虚度年华而悔恨,也不因碌碌无为而羞耻。这样,在临死的时候,他就能够说:'我已把自己的整个生命

三 思辨意义

和全部精力都献给了世界上最壮丽的事业——为全人类的解放而斗争'。"

1950年12月,爱因斯坦在普林斯顿收到一位大学生的信,这位大学生认为人活着什么目的也没有,于是在迷惘之中向爱因斯坦求救,询问:"人活在世界上到底为什么?"爱因斯坦十分认真地写了回信,指出人生意义问题是一个非常重要的问题,它关系着我们到底应该怎样度过一生,同时信中也明确表达了自己的见解。他说:"在我看来,问题的答案应该是:在力所能及的范围内尽量满足所有人的欲望和需要,建立人与人之间和谐美好的关系。"①

罗曼·罗兰说:"一切生命的意义就在于此——在于创造的刺激。"②

本书第一节"言说意义"中随机列举了多种关于人生(有)意义的观点。诸如此类,还可以无休止地罗列下去,但在常识面前,这些显得很没有必要。随便翻开哪部历史的或文学艺术的书,看看其中的人物,或者稍稍反思一下自己身边随便哪个人的生活,就会明白人们都在为某种目标而活着。他们视这些目标为他们人生的意义。

总之,在社会、现实、世俗的层面上,人们所追求的目标是多种多样的:或为国家、为民族、为集体、为大众,或为理想、为事业、为责任、为义务,或为爱情、为家庭、为父母、为儿女,或为名、为利、为权、为金钱、为地位……对这些目标,这里不做价值和道德判断,留给读者去评价。从本书题旨出发,笔者要说的是,不同的目标体现了不同的人生观和价值观,体现了不同的人生意义。不管哪种意

---

① 〔美〕海伦·杜卡斯,巴纳希·霍夫曼编:《爱因斯坦谈人生》,第31页,世界知识出版社,1984。

② 黎彤主编:《世界文学名著妙语大全》,第412页,上海文化出版社,1989。

义,都是一种意义。总之,从社会、现实、世俗、文化层面看,人生是有意义的。

(二) 人生意义的悖论

这里矛盾出现了:从终极和(自然)科学视角看,人生是无意义的;从社会和文化视角看,人生是有意义的。那么人生到底有意义还是无意义?

应该说,这里没有"到底",只有矛盾;没有"究竟",只有悖论,即人生是有意义的无意义,无意义的有意义。

有人不习惯接受悖论,对悖论之"悖"难以理解,只想把问题简单化,找一个单纯的、唯一的结论("有"或"无"),这是一种过于天真和肤浅的思维习惯。事实上,对人生世事乃至万事万物有过精细观察和分析的人,每每在最深层处发现悖论。悖论不是文字游戏,而是存在的真相。悖论体现了人生的复杂和矛盾,体现了存在的深度和奥秘。正是悖论让人感到人生的困惑和迷惘。如果答案只是"有"或"没有",非此即彼,结论如此简单,哪里还有什么困惑和迷惘?! 推一个公认的智者,让他为我们做一个明确的判断,"有"还是"没有";如果"有",它是什么,如果"没有",又是为什么,这样岂不省心!何苦让古今中外的智者和非智者无一例外地永远困惑呢?

但是,悖论就是悖论,悖论不是谁故意加进去的,而是人生本有的、先验的,与生俱来与生俱去的。换句话说,悖论是宇宙、世界、事物自身结构的一部分,谁也无法像做减法一样把它消解掉,你只要活着,就必须与之打交道。想避避不开,想逃逃不掉,它注定与你终生相伴,直至离开世界的那一天!由此我们明白了,人生意义的悖论是导致人生困惑和迷惘的总根源,悖论无法消除,一代又一代人的困惑和迷惘也就无法消除。——或者换句话说,没有意识到人生意义悖论的时候,总是摆脱不了困惑和迷惘;意识到人生意义本身所包含的悖论时,你就超越了悖论,也就不再困惑和迷惘。

行文至此,忽然想到史铁生先生的一个发现——关于人生意义的有无,语义层面也暗含着悖论,即:你即使说它"没有"也等于说它"有"。因为,你说它"没有",那么"没有"什么呢?或者说什么"没有"呢?没有的那个"东西"就是一种"有"。也就是说,"没有"本身暗含一个"有","没有"本身就是一个悖论。看似文字游戏,实乃深刻有理。

(三)意义悖论与人生智慧

人生是有意义的无意义,无意义的有意义,这一悖论又有什么意义呢?换句话说,对我们的人生有什么启示呢?

简单说,这一悖论对我们的启示是,人生既不可悲观颓废,亦不可过分执着,在悲观颓废与过分执着之间,要寻找一个恰当的平衡点,人生智慧就蕴涵于这一平衡点之中。

人生无意义论容易导致对人生的悲观态度,使人堕入颓废的深渊,让人破罐子破摔,放弃人生的热情和追求。认为人生有意义,顺理成章的事就是追求意义的实现,为意义的实现而拼搏,而奋斗。追求、奋斗当然是好事,但需要清醒的是,一味强调拼搏追求容易导致对目标的过分执着,过分执着即痴迷,即"无明",即不智,痴迷的结果导致人生异化,丧失自我,活成单面人、空心人、物化人、兽化人("经济动物"),总之是非人。这样看来,悲观颓废和过分执着二者各有所偏,都导致了自身的片面性。

怎么办?专注于人生思考的哲学家周国平先生对此做过深入的分析和讨论。他认为一味执着和一味悲观一样,同智慧相去甚远。悲观的危险是对人生持厌弃的态度,执着的危险则是对人生持占有的态度。所谓对人生的占有倒未必专指那种唯利是图、贪得无厌的行径,而是指凡是过于看重人生的成败、荣辱、祸福、得失,视"成功"为人生第一要义和至高目标者,即可归入此列。因为这样做实质上就是把人生看成了一种占有物,必欲向之获取最大效益而后快。但人生是占有不了的,所以我们宁愿怀着从容闲适的心情玩味它,而不要让过分急切的追求和得失之患占有了我们。在人生中还有比"成功"更重要的东西,那就是凌驾于一切成败福祸之上的智者胸怀。在终极的意义上,人世间的成功和失败、幸福和灾难,都只是过眼烟云,彼此并无实质的区别。也就是说,我们不妨眷恋生命,执着人生,但同时也要像蒙田说的那样,收拾行装,随时准备和人生告别。入世再深,也不忘它的限度。这样一种执着有悲观垫底,就不会走向贪婪。有悲观垫底的执着,实际上是一种超脱。

关于悲观、执着、超脱三者之间的关系,周国平认为超脱是悲观和执着两者激烈冲突的结果,又是两者的和解。由于只有一个人生,颓废者因此把它看作零,堕入悲观的深渊;执迷者又因为把它看作全,激起占有的热望。两者均未得智慧的真髓。智慧是在两者之间,确切地说,是包容了两者又超乎两者之上。人生既是零,又是全,是零和全的统一。用全否定零,以反抗虚无,又用零否定全,以约束贪欲,智慧仿佛走着螺旋形的路。不过,这只是一种简化的描述。事实上,在一个热爱人生而又洞察人生真相的人心中,悲观、执着、超脱三种因素始终都存在着,没有一种会完全消失,智慧就存在于它们此消彼长的动态平衡之中。[①]

智者的心灵总是相通的。关于周国平先生的上述意思,史铁生有过更简练、精彩的表达:看破了人生而后爱它,这才是明智之举。史铁生说,常有人劝他放下、放下、放下,把一切都放下,人就不会生病。他对此并不苟同。他想:放下什么呢?放下烦恼,也放下责任吗?放下怨恨,也放下爱愿吗?放下差别心,难道连美丑、

[①] 周国平著:《守望的距离》,第 45~47 页,北岳文艺出版社,2003。

三　思辨意义

善恶都不要分？放下一切，既不可能，也不应该。人生错的不是执着，而是执迷，有些谈佛论道的书中将这两个词混用，十分不妥。"执迷"的意思，差不多是指异化、僵化、故步自封、知错不改。所以，主张"一切都放下"，或"执着"与"执迷"分不清，其实是糊涂，是佛家所说的"无明"。史铁生的意思很明确，世上的事，该执着的执着，该放下的放下，不分青红皂白把一切放下是虚无主义，结果活得毫无意义，分明是糊涂虫。但"执迷"于一己之私，"执迷"于不正当的名利，被不当名利、物欲所绑架，结果活得丢失了自我，活成了名利的奴隶，这也是糊涂虫。所以他主张，人生"既得有所'放下'，又得有所'执着'——放下占有欲望，执着于行走的努力"①。

周国平与史铁生的思想全面而辩证，窥得了人生的深度，提取出了人生智慧，对我们确立和调整自己的人生态度有亲切明确的指导意义。

由此联想到，我们身边常有一些人得意地炫耀自己发现的"真理"：哎呀，我算看破了，什么名啊、利呀、权呀，都是狗屁，到时候人俩眼儿一闭，啥都没了，说到底吃好喝好玩好才是正经，趁早儿啥也别想啥也别干了。——这就是"看破"啊？这样的"看破"原本是小孩子都知道的呀！名啊、利呀、权呀固然俩眼儿一闭啥都没了，可是，上帝（造化）给你一条生命，让你到人间走一遭儿，难道就只是让你吃喝玩儿来了？就是让你争权夺利来了？除了这些之外，难道不是还有更多有意思、有价值、有意义的事要做吗？如果你已经七老八十，身体衰退了，精力不济了，确实干不了啥了，那也就罢了，但你才三四十、四五十岁就高唱这种调子，我怀疑你是在为自己失败的人生打掩护。要么再一种可能是，感觉到生存压力有点大，自己确实啥也不想干了，思想颓废了，意志衰退了，从此准备自

---

① 史铁生著：《扶轮问路 妄想电影》，第15～19页，人民文学出版社，2011。

暴自弃破罐破摔了,但是需要为自己找一个借口,欺骗一下自己,需要学一学阿Q,这才唱起"看破"论来了。否则,如果不是这样的话,人家孔夫子即使真的老了,怎么还说自己"朝闻道,夕死可矣""发愤忘食,乐以忘忧,不知老之将至"呢?

总之,上述的所谓"看破",距智慧何止十万八千里?值得得意、值得炫耀么?!

四 创造意义

(一) 人生意义的含义

1. 从"人生"和"意义"的语义看"人生意义"的含义

先说"人生"。

"人生意义"这一概念,常常被人说成"生命意义"——市面上流行的此类书,"人生意义""生命意义"两个概念常常混用,不加区别,笔者对此不敢苟同。笔者认为,"生命"一词突出的是人的自然性、生物性、本能性的一面,在这个意义上,人的生命和小猫小狗小白兔的生命是一样的。而"人生"一词突出的是"人",即"人"的生命、"人"的生活、"人"的生存,而不是一般动物的生命、生活和生存。一般动物的生命叫"畜"生,一般动物生命的存续叫"活着"。众所周知,人是动物,但不是一般动物,而是特殊的,即有思想有情感的文化动物。作为文化动物,其基本属性有两方面,一是自然性、动物性、本能性,二是社会性、精神性、意识性。自然性、本能性是人与一般动物的共同点,而人与动物的质的区别在于人具有社会性和精神性。正如马克思所说,人是社会关系的总和。人生存于错综复杂的社会关系网络上,是这个网络上的一个结。因而,要评价一个人的"人生"是否有意义,不能就个体说个体,不能从这个人的自然性、生物性的一面,即物质消费和肉体享受角度来衡量,而应该把他放到整个社会网络上,从社会角度出发,从他对他人、对社会的价值、作用角度去衡量。也就是说,所谓"人生意义",是一种社会评价、价值评价、精神评价、文化评价,而非其他。

由此来看,一个人的人生,单是吃得好,喝得好,穿得好,住得好,享受一辈子,消费一辈子,而对他人、对社会没有任何贡献,这样的人生绝对没有价值,没有意义。不但没价值、没意义,而且有负价值、负意义。因为,即使他主观上没有要对他人、对社会造成损害的故意,可是客观上已经对他人、对社会造成了损害。因为他没有创造,没有付出,他是社会的寄生虫,他超额占用了社会资源,所以他的超额消费和奢侈享受实际上就是对他人、对社会的损害。

再说"意义"。

现代汉语把"意义"解释为价值和作用。既然是"价值"和"作用",那么本身就暗含有指涉对象,即对于某一对象的价值和作用,没有对象,就无所谓价值和作用。换句话说,"意义"指涉到人(群)我关系,是在人我关系中得到评价的。一个人的"人生"是否有"意义",要看他对他人、对群体、对社会的价值和作用。也就是说,由于你个体的生存而让他人、群体、社会的人生活得更好些,让世界因你的存在更美好,这样的人生就可以确认是有意义、有价值的。因涉及的时空范围的大小有别,一个人的人生意义的大小也有所区别。

综上所述,"人生意义"突出的是作为"人"(而不是一般动物)的生命的意义,"人生意义"作为人生哲学的元问题,属于社会范畴、精神范畴、价值范畴,或者说"人生意义"具有多重属性:社会性、精神性、价值性。

四　创造意义

2. 从假想实验中看"人生意义"的含义

"人生意义"的含义是一个最为核心的问题,也是一个历史上众说纷纭、现实中争鸣最激烈的问题。为了避开复杂的理论陷阱,笔者拟选取一个最为简单的方法加以讨论。这就是,做一个虚拟的假想实验。

假定张三出生在达官贵人家庭里,家里富可敌国,权倾一代。张三一生下来,他一生所需要的一切都应有尽有,而且最高档、最豪华、最时尚;不但如此,他还可以不学习、不用功、不工作,他不必操任何心,不必做任何事,不必奋斗和拼搏,因而也不必做任何努力,不必和任何人竞争与斗气。他只管尽情地吃喝玩乐,尽情和女人一起生孩子……由于有强大靠山做后盾,可以保障他这样的生活一直持续到老,直至死去。总之,作为一个人能想到的物质的、肉体的、本能的享受,他都尽其极了,到顶了,无以复加了。现在我们要问的是,这样的人,这样的人生,有意义吗?

举个类似的例子。假如有一个千万或亿万富翁(咱且不追究他的财富是怎么得来的),富了之后什么事也不做,一心策划着怎么享受,怎么消费,于是他所能想到的人世间的享受都享遍了,享尽了;甚至连死后的超高价墓地也买好了,造好了,连冥界用的钱币、别墅、轿车(最近听说还有冥界的"小姐",这类人的想象力之丰富,令人叹为观止)也绰绰有余地早早准备下了。但是对于社会慈善之类却一毛不拔,让他出点小钱比要他的命都难,他的理念是事不关己,哪怕它天塌地陷,洪水滔天。现在请问,这样的人,这样的人生,有意义吗?

我估计,稍微有点社会常识、文明常识的人都会说:没意义!!为什么? 因为这样的生活,第一,只是物质生活、肉体生活,只是生理、生物本能的满足;第二,这样的满足只是个体一己之满足,他的一生只是占有、消费和索取,而没有任何付出、创造和贡献。

由假想的实验可以看出,在几千年积淀下来的社会常识、文明常识里,所谓人生的意义,第一不是指个人物质的、肉体的、本能的享受,"意义"具有价值属性、精神属性,属于价值范畴、精神范畴;第二,人生意义不是指个人的占有、消费、享受、索取,而是对他人、对社会的付出、创造和贡献。这是我们从假想实验中顺理成章引出的基本道理。

3. 从本书罗列材料中看"人生意义"的含义

从本书前两节("言说意义""活出意义")列举的材料中也可以看出,要评价一个人的人生是否有意义,不是看他个人的占有、享受和索取,而是看他对他人、对社会的付出、创造和贡献。

在"言说意义"部分,我们随机罗列了若干人的言论,这些人代表了不同时代、不同国家、不同民族、不同职业的人对人生意义问题的思考。在"无意义论"里,为什么认为无意义?就是因为太把眼光局限于个人、个体了!个人、个体都是要死的,人死如灯灭,所以没意义。在"有意义论"里,没有人说人生意义只是个人的物质消费和肉体享受的,而是普遍认为人生意义即工作、付出,即对他人对社会做出自己应有的贡献。

在"活出意义"部分,那几十位来自不同社会、不同民族的普通人的人生事迹,证明了他们活着的意义——他们都在默默无闻地为他人、为社会尽其所能地付出和贡献。

4. "为他人、为社会释放正能量,他人受益,自己快乐"就是人生的意义

通过以上讨论,关于人生意义,我们大致可以明确以下几个意思。

四 创造意义

第一,所谓人生意义(的含义),指的是某个人对他人、对社会的价值和作用。

第二,人生意义具有社会性,某个人的人生是否有意义,衡量坐标或者说参照物应该是他人、群体、社会,而不是个体自身。

第三,人生意义具有价值性、精神性,某个人的人生是否有意义,指的不是他的物质消费和肉体享受,而是指他对他人、对社会的付出和贡献。

第四,根据以上理解,关于人生意义的内容,我们就可以归纳为:为他人、为社会提供正能量,让世界因为他的存在变得更美好。这样的人生就是有意义的人生,这就是评价一个人的人生是否有意义的标准。

这里的"他人"或"世界"的范围由小到大,由近至远:家人—身边的人(亲戚、邻居、同学、同事、朋友等)—单位(团体、组织)—国家、民族、社会—人类。根据正能量释放、影响、波及的范围、强度、深度、广度,一个人的人生意义也由小到大,由弱到强,由浅入深,由近及远(时空两个维度上的"近"和"远")。

那么,一个人的人生意义纯粹是为他人、为社会,难道就一点也没有"自己"的位置吗? 当然不是。人生意义当中当然应该包含有"为自己",但问题是"为自己"的内涵是什么。

在"言说意义"部分,有人明确地说写作(或其他职业、事业)就是为了自己快乐——他们说的是个人从所从事的事业中获得了快乐,自己的幸福就在自己的事业中,他们的事业和幸福、快乐融为一体了,而没有一个人说工作纯粹是为了吃喝玩的物质消费和肉体享受,没有一个人说自己是从物质消费和肉体享受中感受到人生的意义。也就是说,他们所谓的"为自己"指的是自己的兴趣,自己所愿意从事的事业,而不是物质消费和肉体享受。质言之,他们个人所从事的事业其实就是为他人、为社会的事业,他们的工作一方面是为自己,同时又是在为他人、为社会。在这里,为他人、为社会与为自己达到了高度统一。他们的"自己"是从自身出发指向他人、指向社会。只有这样,社会才承认他的人生是有价值、有意义的,他也感到自己的人生是有价值、有意义的。

综上所述,人生意义的内容,可以更全面地概括为:为他人、为社会释放正能量,他人受益,自己快乐。只有这样的人生,才算有价值有意义的人生。

相反,一个人活着,如果没有为他人、为社会释放正能量,那就是活得无价值无意义;如果释放的是负能量,那就是负价值、负意义、逆意义、反(面、动)意义,他活着就是在危害别人,因为他的存在而让别人活得更难受,那他就是不好的人、不受欢迎的人、让人讨厌的人,乃至于令人唾弃的坏人、罪人。

(二) 人生意义是各人自己创造出来的

人生意义,不仅仅是一个供思辨的理论问题,更是一个现实的实践问题,即它不仅要讨论人生究竟有无意义,而且要讨论人究竟怎样生活才有意义。也就是说,对于现实生活中每个具体的人来说,其人生的意义不是靠思辨,而是靠切切实实的人生实践创造出来的。

对于这一点,胡适先生有过很好的说明。若干年前,有青年写信向胡适请教"人生有何意义",他认为这是一个本不成问题的问题。他说:"人生的意义全是各人自己寻出来、造出来的:高尚、卑劣、清贵、污浊、有用、无用……全靠自己的作为。生命本身不过是一件生物学的事实,有什么意义可说?一个人与一只猫、一只狗、有什么分别?人生的意义不在于何以有生,而在于自己怎样生活。你若情愿把这六尺之躯葬送在白昼做梦之上,那就是你这一生的意义。你若发愤振作起来,决心去寻求生命的意义,去创造自己生命的意义,那么,你活一日便有一日的意义,做一事便添一事的意义,生命无穷,生命的意义也无穷了。""总之,生命本没有意义,你要能给他什么意义,他就有什么意义。与其终日冥想人生有何意义,不如试用此生做点有意义的事。"①

说得好!人生意义不是与生俱来先天就有的,而是后天创造出来的;不是每个人想出来说出来的,而是做出来干出来的。讨论"人生意义"的意义,说到底是为了在"无意义"中创造出意义来,为了更好地活出意义来。那么,怎样创造人生的意义呢?

(三)怎样创造人生意义

创造人生意义的途径很多,择其要者,略述如下。

1. 做善事

做善事,谁都能理解,用不着解释。笔者手里有一本书——《100位新中国成立以来感动中国人物》,其中有读者熟悉的(如雷锋、焦裕禄、钱学森等),也有读者不十分熟悉的。他们之所以"感动中国",是因为他们在各自的岗位上为他人、为社会做出了应有的乃至于超人的贡献。"感动中国"这些年已经成为一个相当流行的特有名词,评选"感动中国"人物已经成为每年例行的大众关注度相当高的社会活动。除此之外,近年来还有"最美乡村医生""最美基层干部""最美教师"等荣誉称号。获"最美"称号的人,都在平凡的岗位上做出了不平凡的业绩,或者在道德方面有令人敬佩的表现,他们的共同点是为他人、为社会增加了正能量,做出了自己应有的乃至于超人的贡献。

本书"活出意义"部分记述的三十人,无论什么身份、什么作为,他们都为他人、为世界释放了正能量,都是活得有意义的人。

"活出意义"中的三十位,包括获得"感动中国"或"最美"称号

---

① 胡适著:《人生大策略》,第1页,湖南文艺出版社,1989。

的人,绝大部分都是普通人,他们能做到的,我们也可以做到;只要想做,每个人都可以做到。

也许,"活出意义"中我们随机选出的三十位,虽然绝大部分都是普通人,但他们行高于众,德高于人,平凡但毕竟还是太"高大"了,一般人、普通人、芸芸众生要像他们那样生活,还是有点太难了。这种认识可以理解,事实也正是这样,否则他们怎么能"感动中国",被誉为"最美"——正因为平凡的人做出了不平凡的事,这才高于人,才感动了中国,感动了大众,如果大众都能做到了,那也无所谓"感动"了。

那好,如果我们做不到像他们那样,但我们总可以见贤思齐,向他们学习吧!我们做不到像他们那样"彻底",那样"忘我",那样"高大",那我们能做多少做多少、能做到哪一步是哪一步总可以吧!古人说过,对那些伟大、崇高的人和行为,我们"虽不能至",但"心向往之"。只要"心向往之",就说明内心有"善念",有"慧根",有做善事、做好人的心理基础,接下来就会有做善事的行为。我们不妨从小处做起,从身边做起,"勿以恶小而为之,勿以善小而不为",小善的累积就是大善,小善做久就是大善。毛泽东说过,一个人做点好事并不难,难的是一辈子做好事。讲的就是这个道理。

人类社会、人类文明提倡和鼓励人们做善事,但并不逼你去做善事,做善事完全凭的是自觉和自愿。事实上,久远的人类文明的积累,已经形成了文化无意识,即人生在世,要做个好人,做好人就要做善事,只有做好人做善事心灵才安,否则该做的没做、能做的没做,别人不知道,自己的心灵也会不安,也会自我批评、自我谴责。这时候,做好人做善事已经成为人的内在需求,非这样不可,不这样心里就过不去,这时候整个社会的文明程度就大大提高了。

举个小例子。生活中我们常常遇到伸手向你乞讨的乞丐,而且你可以确定他不是骗子,而是确实生存困难需要帮助的人,你怎么办?他与你非亲非故,你也不认识他,法律上你没有必须帮他的义务,对他你可帮可不帮,你不帮他别人也不会指责你,你可以视若无睹,扬长而去。事实上不少人也是这样做的。但是也有不少人一定会解囊给他一些钱,或多或少。给他一些钱,你的心灵就会安宁。这时候,给他钱与其说是为他,不如说是为了你自己。

开封铁塔公园灵感院佛堂门外有一副对联:做个好人,身泰心安魂梦稳;行些善事,天知地鉴鬼神钦。对联刻在佛堂上,既是说给佛教徒听,更是说给善男信女、普通大众听的。笔者相信,每个读者看到这副对联都会感到灵魂的慰藉和温暖,都会衷心服膺其中的理念,都会接受教诲自觉地"做个好人""行些善事"。这样做,既是为别人好,亦是为自己好——为自己心灵之安,这时候做好人做善事和个人的灵魂生活合而为一了,成为个人的内在需要了。

也许有人对"做个好人""行些善事"有些不太情愿。他们说,都是人,凭什么我要善待他人呀!我善待他人,他人对我有什么回报呀?他们讲的是商业原则,有付出就要有回报,没有回报就不付出。用市场经济原则衡量,这样想没有错。但做好人行善事属于道德范畴之事,服从的是精神原则、灵魂原则,你愿做就做,不愿做没人逼你,那是你自己的事。真正的好人是不求回报的,好人做善事是自己心灵的支配,是听从良心的召唤,是自觉自愿。如果一定要说回报,那么心安就是最好的回报。这个回报不是别人给的,而是自己给自己的。因此,从不计较别人的回报,受惠人怎么做怎么想,那是受惠人的事,与我(泛化之我)无关。我希望的就是受惠人没有受惠的感觉,因而不感到压抑、不安或自卑,我希望他愉快而坦然地接受。相反,如果让受惠人意识到自己受了他人的恩惠,就会产生心理负担,失去心灵的安宁。如果这样,倒使我感到不安。

这就像自己养孩子,全心全意、全力以赴地对孩子好,这是做父母的天职、责任,尽到了责任才会心安,尽不到就会心不安,而从不存求孩子回报的心。换句话说,父母为子女既是为子女,也是为自己(心安)。至于儿女回报不回报,那是子女自己的事,由他们各自决定去。

走出家庭，走向社会，孟子希望由己及人，把人人都当作亲人看待："老吾老以及人之老，幼吾幼以及人之幼。"要求人人做到，可能过于理想化了，但有点儿修养有点境界的人是应该也是可能做到的，而且这已经成为古人衡量人品高低的一条道德标准："行善求报非真善。"《格言联璧》中也说："施不望报者，圣贤之盛心，君子存之以济世。"

2. 施爱心

施爱心和做善事是相互统一的，做善事是外在表现，施爱心是内在动机、内在根源。对他人、对社会有了爱心，才会有善举。

中国文化讲"仁爱"（仁者爱人），西方文化讲"博爱"，从文化源头和内涵上看，二者不尽一致，但"爱"字是二者的共同点，可见爱心具有人类共同价值——超越时代、超越社会、超越民族、超越阶级、超越贫富、超越一切。

爱心的价值不仅体现于道德上，从人生视角看，它还与人生意义相联系。上文我们在讲人生意义的悖论时，曾提到托尔斯泰和毛姆两位大家在追问人生意义时曾坚定地认为"人生无意义"，但是当他们的思想深入再深入，最后又不约而同地发现"人生有意义"，这个意义就是——爱。

考察托尔斯泰和毛姆的这一精神历程，对于理解"爱"的意义和价值，确立"爱"是创造人生意义的途径，应该是有启发意义的。

让我们先看托尔斯泰。

精神危机中的托尔斯泰充满了对死亡的恐惧，感到人活着没有意义，试图自杀，摆脱困境的办法就是必须找到人生的意义。于是他一头扎进古代圣贤留下的典籍中，试图借助先哲的智慧驱散自己的迷惘，然而他失望了。先贤们无一例外冷冰冰地否定生命，

四 创造意义

否定现世人生,同样认为人生没有意义。他又从周围同类人那里寻找慰藉,同样失望。因为这些人要么浑浑噩噩,对生命意义毫不理解;要么醉生梦死,耽于享乐;要么无所作为,得过且过;其中极端者干脆自杀,以自我毁灭逃避人生。这些人其实与先哲一样,实质也是否定生命,找不到活着的意义。后来,托尔斯泰视野离开少数同类人而走向亿万普通大众。他发现要寻找生命的目的和意义的正确答案,不能到实证科学和形而上学中去寻找,也不能在醉生梦死的贵族圈子中去找,而应到普通百姓和宗教中寻找。他说,如果我想活下去并理解生命的意义,我就不应该向那些已经丧失生命意义并想自杀的人,而应该向亿万前人和今人,构成生活并把自己与我们的生活担在肩上的人那儿去寻找生命的意义。于是他和贫穷、朴实,虽然没有学问但是有信仰的教徒、香客、修士、农民接触,观察他们的生活和信仰,终于发现,普通大众生活虽然贫穷但健康而充实,他们理解并确信生活的意义,因为他们心中有信仰。于是,托尔斯泰得出了这样的结论:"无论对其他人,或者对我来说,生命的意义和生存的可能性都是宗教信仰提供的。进一步观察一下其他国家的人,与我同时代的和以前的人,我发现完全相同的情况。凡有人类生存的地方便有宗教信仰,它从有人类的时候起,就提供了生存的可能性,而且宗教信仰的主要特征无论何地、无论何时都是一样的。"[①]这种特征就是,赋予人的有限生命以永恒的意义。这就是说,只有在宗教信仰中才能找到生命的意义和生存的可能性,宗教信仰是对人类生命意义的认识,是人赖以生存的力量,只要人活着,总得有宗教信仰,否则就无法生存。

苦苦追求人生的意义,结果走进了宗教信仰,那么这里的宗教信仰是否是传统的基督教呢?不是。托尔斯泰所走进的宗教不是传统有神论的基督教,他所信奉的信仰,也不是教会宣扬的信仰,

---

[①] 托尔斯泰著:《托尔斯泰忏悔录》,第86~87页,华文出版社,2003。

而是另一种信仰。他是一个从世俗生活出发而非教会的教规出发去理解宗教的人,他要建立一种消除了教条和神秘主义的现实的宗教。也就是说,托尔斯泰所信仰的完全是世俗化的道德宗教。托尔斯泰说:"宗教这个词,一般被理解为对世界的某些神秘的裁决,或者一定的仪式,某个在人们的生活中支持、安慰和鼓舞他们的偶像,或者对世界起源的种种解释,或者由神认可的生活道德规范。而真实意义的宗教,首先是对那个目前给予一切最大的福利,应当为一切共同遵守的最高律法的默示——即人为了自身的福利不应当只为自己活着,而应当是一人为大家,互相服务。"①

综上所述,可以看出,托尔斯泰的新宗教的核心是一个字:爱——爱己、爱人、互爱。

托尔斯泰的爱是耶稣式的爱,其最大特点是超越性。托尔斯泰认为人的生命蕴含两大矛盾,即自己的生命和别人的生命的矛盾以及生与死的矛盾,而"爱"恰恰超越了这两大矛盾。

首先,托尔斯泰认为任何人活着都是为了追求自己的幸福,认为自己的幸福是最重要的,别人的生命只是自己生存的条件和工具。这样,每个人为了实现自己的幸福势必导致人与人之间的矛盾和冲突,这是一切社会罪恶的人性根源,而"爱"则可以消除人性的自私,视天下人皆兄弟,让天下人联结为一个和睦的整体。其次,托尔斯泰把人的生命分为肉体和精神两部分,人除了肉体幸福之外还有一种更美好的幸福,这就是爱。爱的感情能消除对死亡的恐惧,把人引向为了别人的幸福而牺牲自己的肉体存在,这种牺牲不是死亡而是新的生命的开始,或者说他们从开始牺牲的时候才活着。这种活着当然不是肉体的活而是灵魂的活,即精神的永恒。

---

① 托尔斯泰著:《列夫·托尔斯泰文集》第 15 卷,第 478 页,人民文学出版社,1989。

总之，托尔斯泰借助"爱"超越了狭隘的生物性的自我，让个人的生命从空间上和全人类接通，从时间上永恒地延续，在时空两维度上化有限为无限，这就是托尔斯泰精神之旅最后所寻找到的人生的意义。

再看毛姆。

有意思的是，同样认为人生没有意义的毛姆，经过一生的历练和思考，最后与托尔斯泰殊途同归，找到的人生意义也是"爱"，也是道德的自我完善。体现这一思想的是他70岁时发表的另一部杰作《刀锋》。如果说《人生的枷锁》是毛姆前30年人生思考的总结，《刀锋》则是他成熟后40年人生感悟的升华。在这部小说里，主人公拉里也是一位深于思考，饱读典籍，周游世界，人生阅历极为丰富的人。他具有博大精深的学问和圣徒式的理想人格，在物欲横流喧嚣纷扰的现代社会，他以真诚的爱心做起了只有救世主才能从事的神圣事业，安抚、慰藉乃至拯救那些既是罪人又是受害者的已堕入深渊的现代迷途羔羊。毛姆借助他，企图为自己也为现代人的灵魂寻求救赎之路。他的结论是，现代人要摆脱存在的荒诞感和生存的空虚感，获得心灵的永久平静和安宁的唯一途径就是追求道德的自我完善，获得至超脱至安谧的"绝对自由"；现代人建立在物质基础上的欲望满足只是暂时的，只有在追求自我完善的精神生活中才能得到真正的快乐和幸福，才能通向永恒。这就是毛姆毕其一生找到的"得救之道"，亦即人生的真谛或终极意义。

"人为了自身的福利不应当只为自己活着，而应当是一人为大家，互相服务。"托尔斯泰的这一认识和要求其实并不虚空，也不玄远，而是大家都能理解也能接受的。我们熟悉韦唯唱的《爱的奉献》，歌词中反反复复呼唤"只要人人都献出一点爱，世界将变成美好的人间"。人们听到这首歌，感到心是温暖的，心灵是相通的，感到"人人都献出一点爱"的要求是可以化为现实行为的，感到世界确实会因此而变得更美好。"爱是人间的春风,爱是生命的源泉",这首歌宣扬的思想其实与托尔斯泰的思想(也是他的理想)是相通的。

从托尔斯泰、毛姆的思考,到中国歌曲的呼唤,都在证明着一个真理:谁向这个世界献出了爱,谁的人生就有意义、有价值,就是受人尊重、尊敬的人,因为他为世界提供了正能量,惠及了他人,快乐了自己。

当然,几乎可以肯定的是,有极少数人从极端自我、极端利己的人生观出发不相信"爱的呼唤",认为这只是空洞的说教或虚伪的宣传,他们自以为聪明地拒绝爱他人、爱人类。这没有办法,这让人想起史铁生的一句话,人与人的差别大于人与猪的差别。史铁生不是在骂人,而只是用激烈的语言强调了人与人之间的差别之大。

3. 担责任

人生在世,需要承担各种各样的责任,这应该是文明社会每个人都懂得的基本道理。人生在世有多重身份,而人有多少种身份就应该承担多少种责任。例如,你有父亲的身份,就必须承担父亲的责任;你是儿子,就应该承担做儿子的责任;你是教师,就要担负起教师的责任,诸如此类。

道理很简单,因为每个人都不能独立生存,而必须生存于多个错综复杂、层层叠叠、各种各样的网络之中。在各种网络之中,你与网络上的所有人都有或直接或间接、或显或隐、或远或近、若即若离的关系。这些网络是你生存的背景,你的一切都需要从中汲取营养,离开了这些网络你就无法生存。换句话说,是网络养育了你,给了你生存的条件,网络上的人们直接间接地对你的生存尽了责任,反过来,你也要对网络上的人尽你的责任。这样,每个人的生存都是其他人生存的条件,与其他人的生存互为条件,互相负有责任。所以说,承担责任——各种各样的责任,是人生题中应有之义,是别无选择的事。而承担各种各样的责任也就成了人生在世的意义。

也许有人对上面所说的"网络"感觉模糊,印象不深,因而对"网络"的责任意识不甚自觉,不甚情愿。那么我们就来分析一下你所生存于其中的各种网络。

人所生存于其中的网络,呈现为由小到大、由近及远,同时也就由直接到间接、由显到隐、由清晰到模糊的特点。

首先,最早、最小、最近、最直接也最明显的人际网络是你的家庭,你的直系亲属圈("网")。你是父母的儿子或女儿,是爷爷奶奶的孙子或孙女,是哥哥姐姐的弟弟或妹妹,是弟弟妹妹的哥哥或姐姐。长大了,你结婚了,你成了妻子的丈夫或丈夫的妻子;后来有了孩子,就又成了孩子的爸爸或妈妈,成了孙子孙女的爷爷或奶奶、姥爷或姥姥……

紧接着是旁系亲属圈、亲戚圈、邻居圈、朋友圈、同事圈……

再往外就是边际模糊、茫茫如大海一样的整个社会了,这时候你与它的关系或许就开始模糊、隐形、摸不着边了。但这只是在主观意识中你感觉不清晰了,而在实际生活中,你却与之仍有实实在在的联系。

例如,你吃的食物、穿的衣服、用的物品等日常生活中必需的东西从哪儿来?从你看不见的社会网络中来,那里有你永远也不认识,也永远不知道到底有多少的人在为你服务,你才有了这些日用必需品,才能不知不觉地活下来。再如,你上学,有学校的老师在等着你;你想听音乐,有音乐人为你准备好了各种各样的音乐供你享受;你要出门,有自行车、电动车、摩托车、汽车、火车、飞机;你想读书,你想思考,你想……总之你想怎么样,社会就有什么在等着你,供你使用,供你享受。是巨大的无形的社会网络支撑了你的生活,为你的生存提供了必需的条件。

  反过来,让一个人孤立存在如何？你手里有一万块钱,想买一支铅笔,没有社会存在,可能吗？没有社会的支撑,我给你一万块钱,买你一块面包,你能无中生有吗？静心想想,我们一切的一切都是社会网络的产物,离开社会网络我们无法生存。正如空气,人一生都在呼吸却几乎意识不到它的存在、它的重要；相反,让你停止呼吸几分钟,你就会憋死,这时候你马上就知道空气的存在以及它的重要了。

  在这错综复杂、层层叠叠、各种各样的网络之中,我们每个人都是受惠者,都享受了我们应有的权利,因此,反过来,我们每个人对这错综复杂、层层叠叠、各种各样的网络都应做出自己应有的贡献,即应该承担应有的责任。人人为我,我为人人,人人为我的生存尽了责任,我也应为人人尽到自己的责任。

  那么,如果你尽不到自己的责任呢？那你就是这个网络上的寄生虫,你只索取不付出,只消费没贡献,你就是社会的废物,你活着就没有价值,没有意义。由此我们认为,"言说意义"中梁晓声先生说"人生的意义在于承担"是有道理的。

  米兰·昆德拉最负盛名的小说《不能承受的生命之轻》,曾被《纽约时报》誉为 20 世纪最重要的经典之作,其重要意蕴之一就是人生要有承担,有承担生命才有意义,人生可怕的是"轻"而不是"重"(担当)。该书"序言"中说,负担越重,我们的生命越贴近大地,它就越真切实在。相反,当负担完全缺失,人就会变得比空气还轻,就会飘起来,就会远离大地和地上的生命,人也就只是一个不真实的存在,其生存会变得轻浮而没有意义。

  诚哉斯言！看来,在人生应该有所担当方面,古今中外有识之士的认识是一致的。

四 创造意义

4. 尽所能

尽所能就是在创造价值、服务社会的过程中,每个人都最大限度地把自己的能量发挥出来。个人能量的尽力发挥,既有益于社会也有益于自己,既是社会的需要也是个人的需要。

在"活出意义"部分,笔者曾怀着敬仰、钦佩的心情叙述过可以作为我们人生榜样的人物的事迹。他们的某些事迹,用世俗的眼光看是不可理解的,但换个角度看又是完全可以理解的。例如,冯友兰先生80岁后下决心写一套丛书——《中国哲学史新编》,并为此一直顽强奋斗到生命的最后一息,可以说,是精神支撑他必须把书写完,是一口气支撑着他完成了这部大作。还有,聂绀弩大病坚持不去医院,亲人要把他送医院时他抓住他的小床坚决不走,为什么?因为他要把他的《贾宝玉论》写完。还有,中国工程院院士林俊德,在生命的最后时刻,已极度虚弱还坚决提出要下床工作,在众人的搀扶下走向数步之外的办公桌……5小时后他停止了呼吸,完成了生命中最后的冲锋。

冯友兰等人为什么那么不顾生命,执着于自己的事业呢?这就非常人的功利观所能理解了。他们的执着既非为名,亦非为利,而完全是自己的精神需要,自己喜欢,自己愿意,自己高兴,自己从中感受到的是不可言喻的快乐和幸福。他们既有强烈的责任感,又有强烈地释放自己能量的欲望,这种能量不释放感到压抑、憋闷、不痛快,所以必须把它尽情释放出来才感到自由,感到快乐。马克思在谈到英国盲人诗人密尔顿时曾说过,密尔顿出于同春蚕吐丝一样的必要而创作《失乐园》,那是他的天性能动的表现。在"言说意义"里,王蒙曾说人生就是生命的一次燃烧,它可能发出绚烂美丽的光彩,可能发出巨大的热能,温暖无数人的心,它也可能光热有限,却也有一分热发一分光发一分电,哪怕只是点亮一两个灯泡，也能照亮自己与邻居的房屋，燃烧充分，不留遗憾。而如果一直欲燃未燃，受了潮或者发生了霉变，那就不但燃烧不好，而且会留下大量的一氧化碳与各种硫化物，发出奇奇怪怪的噪声，带来对人类环境的污染，乃至成为社会的公害，这实在是非常非常遗憾的。

  我们是普通的芸芸众生，我们或许没有冯友兰他们那样的雄心壮志，那么我们怎么办？对此，王蒙先生也有很好的指导。他说，也许你不能留名青史，但至少应该对得起自己这仅有的几十年。也许你未能立德立功立言，但至少是充分发挥出了自己一生的能量。也许你的诸种努力未能奏效，如从事艺术创作但未能被社会承认，经商却终于未能成功，从军但打了败仗，但是最后"结账"的那一天，你至少可以说我已经尽力了。一个人的成就有大有小，然而你应该尽力。尽力尽情尽兴尽一切可能了，这就是黄金时代，这就是人生的滋味，这就是人生的意义价值，这就是辉煌，燃烧的辉煌，奉献的辉煌。你尽了力，你就能享受到你尽力后的一切可能性，哪怕是"天亡我也，非战之罪也"的悲壮和英雄主义。你享受到了尽力本身带来的乐趣，至少能得到一种充实感、成就感，你必然赢得，首先不是别人，而是你自己的尊敬和满意。比如你是一枚炮弹，被尽力发射出去了，而且爆炸了，即使没有完全命中目标，也是快乐的。你是一粒树种，落在地上，吸足了水分养分，长成了树苗，长成了大树，即使没有长到更大就被雷击所毁，你也可以感到骄傲。你的形象是一株树的最好的纪念碑，你的被毁至少是一次大雷雨的见证，是一个悲剧性的事件。人生是一个过程，是一个时间段，是一次能量释放反应，重在参与，重在投入，重在尽力。胜固可喜，败亦犹荣，只要尽了力，结账时候的败者，流出的眼泪也是滚烫的、有分量的；而没有尽力，蹉跎而过，那可真是欲哭无泪了！

  王蒙先生是一位激情澎湃的作家，在他身上永远洋溢着旺盛的生命热情和积极浪漫主义精神，他对人生的见解也正是他一生努力的写照。无论在多么艰难困苦的局面下,他都奋斗不息,至今已80多岁(王蒙生于1934年)还在写作,还在参加各种社会活动,还在让自己的生命"燃烧"。

让我们像冯友兰、王蒙等人那样生命不止,奋斗不息,尽其所能地创造我们自己的人生意义吧!

5. 享过程

传统观念的人生意义观看重的是结果,而现代的人生意义观更看重过程。无论是个人对他人、对社会的意义,还是对自己的意义,更看重过程。

过程论着眼于生命过程本身,其基本思路大致是这样的:作为个体生命,总有一天是要死的;作为人类,终有一天也是要灭亡的,这是铁定的事实,是人生命存在的背景。面对这一背景,尽量回避,沉醉于过一天"享受"一天,是精神上的怯懦,是浮浅的乐观主义;而承认这一背景,却被吓倒了,因而心灰意冷,不愿再有任何作为,这是精神上的侏儒,是浮浅的悲观主义。这两种人的共同点是被"虚无"的背景压垮了,因而活得沉重、萎靡,毫无意义。事实上,"虚无"作为背景是人的"宿命",是生命的前提,谁也避不开逃不掉,逃避的结果只能更痛苦、更沉重、更悲惨,所以与其消极逃避,不如勇敢抗争。勇敢抗争的结果当然仍然免不了最后的虚无,但在抗争的过程中张扬了生命的意志,展现了生命的潜能,用欢乐充实了人生的过程,赢得了生命的骄傲和尊严,让生命焕发出悲壮而热烈的光辉。人类的精神由此超越了悖论,超越了"尴尬",在壮美的生命历程中获得了大解放、大自由、大愉悦。

这不是个别人的偶然发现,而是近现代西方许多思想家、艺术家的共识,如歌德笔下的浮士德便是上述思想的一个文学典型。

浮士德本是一位在书斋皓首穷经做学问的书生,但成年累月的书斋生涯,让他感到苦闷无聊,生命毫无意义。魔鬼梅非斯特的出现把他引出了书斋,从此开始了他后半生尽情释放生命活力、永无休止的追求历程:世俗生活(爱情)、官场生活(从政)、追求艺术(美)、建立人间理想国(事业)。歌德以以上表意性的经历,象征性地传达了他对人生意义的理解——人生是一个过程,人生的意义不在于任何一个具体的、现实的目标的实现,而在每时每刻都必须重新开始的永无穷尽的追求中。每一个具体的现实的目标都是有限的,如果执着于其中就会导致生命的停滞,就等于生命的死亡,因而必须自强不息,永远追求。而这,也就是人生的真相,浮士德将这一真相传达得淋漓尽致。浮士德自强不息、永远追求的性格内涵被提炼为"浮士德精神"。浮士德形象对后世影响甚远,浮士德精神早已深入人心。人生的意义在于永无穷尽地追求已基本成为当今世界人们的共识。浮士德精神作为一种象征符号,已经载入人类文学史、精神史和文明史,激励人们永远拼搏、奋斗,永远追求向上。

将过程论思想进一步深化、发扬的是 20 世纪在西方产生了广泛影响的存在主义。存在主义有代表性的思想家和文学家众多,观点极为复杂,但在人生态度方面是共同的,即面对虚无进行勇敢的反抗。体现这一思想的典型作品当推加缪的《西西弗的神话》。

面对荒诞的基本处境,加缪主张努力抗争。他把这种态度凝结为一个经典的意象——西西弗推巨石上山。西西弗是古希腊神话中风神的儿子,生前得罪了宙斯,死后被罚在地狱做苦役:将一块巨石推上山顶,但每当快到山顶时,由于本身的重量,石头又滚回山脚,于是他必须重新开始,如此往返不已,永无穷尽。在诸神看来,没有比这种无用而又无望的折磨更厉害的惩罚了。但西西弗对此并不悲观,当他朝着那不知尽头的痛苦走去时,他的心态是镇定而自信的,他的脚步是沉着而稳重的,他的内心是充实而坚定的。他明知永无成功的希望却敢于蔑视自己的命运,敢于向诸神发出挑战。加缪说,对于西西弗,"我们总是看到他身上的重负。而西西弗告诉我们,最高的虔诚是否认诸神并且搬掉石头。他也认为自己是幸福的。这个从此没有主宰的世界对他来讲既不是荒漠,也不是沃土。——他爬上山顶所要进行的斗争本身就足以使一个人心里感到充实。应该认为,西西弗是幸福的"①。

正是在这一勇敢的抗争过程中,西西弗感到了欢乐和幸福,他在这无望的努力过程中获得了存在的意义,因为他以此证明他高于他的命运,他比他的巨石更强大。在存在主义者看来,西西弗的命运是一个象征,既象征了人类的命运,也象征了人类对命运应采取的态度,象征了人生的意义。

这是一种与传统人生观完全不同的新的人生观。这种人生观把人生的欢乐、人生的意义不寄托于目的而寄托于过程,不寄托于外物而寄托于人——人的不屈的精神。精神是人的自由选择,是人可以自主的因素,因此,这绝对是一种"靠得住的欢乐",是谁也剥夺不了的人生意义。过程论以主观意志的张扬走向了心灵的审美,超越了人生的无意义,超越了人生的悖论。

(四) 在创造意义的过程中体验幸福和快乐

上述过程哲学启示我们,必须学会关注自己的生命过程,关注当下的人生,而不必把生活寄托于虚假的"天国理想"。对于这一点,即使是最强调"天国理想"的基督教也表示认同。有一本《基督的人生观》,开宗明义第一句话就指出"人生中真正的要务就是生活本身"。什么是生活呢?"我们把我们每一天的每一分钟都给予了的那种东西叫作生活。"而"搞清楚怎样生活是所有知识的最终

---

① 〔法〕加缪著:《西西弗的神话》,第 147~148 页,陕西师范大学出版社,2003。

目的"。① 这本书试图告诉人们,现代基督教认为真正的生活就是当下的生活本身,真正的人生就应该建立在当下的生活中,人生的意义就在当下的生活中获得。但是这一道理却不被芸芸众生所认识,众生穷年放心外逐,生活在生活中却向外找生活,把人生建立在外物上,而把自己的内在生命挖空,这是非常遗憾的事。

有一篇文章对上述遗憾做了生动的描述:"不会欣赏每日的生活是我们最大的悲哀,其实我们不必费心地四处寻找,美本来是随处可见的。可惜的是,生活中的此时此地总是被忽略,我们无意中预支了'此刻的生活'。想一想吧,早上还没起床时,你就开始担心起床后的寒冷而错失了被子里最后几分钟的温暖;吃早餐的时候,你又在想着开车上班的路上可能会堵车;上班的时候就开始设计下班后怎么打发时间;参加派对时,又在烦恼着回家路上得花多少时间了。"总之,"我们总是生活在下一刻里。我们急着等周末来临、暑假来临、孩子长大、年老退休。等我们老时,我们真的也可以说:'我真是等不及要去死了!'"②这种总是急匆匆地盼望"下一刻"的心情,破坏了精神的宁静和幸福,让人活得紧张和不安。因此,作者诚恳地呼吁,要学会生活在此刻,学会在此刻创造并体会人生的意义。

现代基督教的人生观与注重过程的现代生命哲学相一致,强调的是现实人生的重要性,在时间的维度(人生的纵向)上,强调当下生活的完满与充实,强调当下生活的意义;在空间的维度(人生的横向)上,还教会我们必须善于发现、善于体察、善于享受平凡的日常生活中的美,而不能两眼紧紧盯在非常态的特异事件上。有一篇散文比较好地传达了上述道理。作者写自己因病住院,在生

---

① 〔英〕詹姆士·里德著:《基督的人生观》,第1页,生活·读书·新知三联书店,1989。
② 〔美〕丽莎·茵·普兰特著:《简单生活》,中华工商联合出版社,2000。

命百无聊赖时,忽然从日落时分灿烂的自然美景中顿悟了"生命的意义":"人为什么而活着?人活着的意义何在?这个长期萦绕心头的话题,当时再一次回到脑海中。每一次面对这个话题,我总会陷入无边的迷茫与悲哀中。人活着似乎没有什么意义,爱情怎么样?事业怎么样?一切都很无聊。不如归去,不如归去。这是我以前的想法。现在,当我坐在这黄昏如画的窗口,当我面对这长久被自己忽视冷落的落日和晚霞,我感受到了生命的意义。生命不在于冲动,生命不在于辉煌,生命就在于这点点滴滴美好之中。日子如水,平平淡淡,但总有一些细小的浪花泛起,一串串的浪花,构织着生存之乐趣。许多过往的细微小事,一下如潮水般涌上我心灵的海滩,细细咀嚼起来,都是那么的令人赞叹,令人快活。"[①]这篇散文告诉我们,生命的美好、生活的意义正在于普通平凡的日常生活过程中,我们要善于发现并感受它。这正应了罗丹那句著名的话:生活中不是缺少美,而是缺少发现。

还有,把人生视为一个过程的人生观,让我们更深刻地理解了中国古人的人生智慧:尽人事以听天命。"尽人事",强调的是个人的主观努力,是积极的拼搏与奋斗;"以听天命"即结果如何不必计较。我们希望有好的结果,但结果的好坏往往不是个人所能决定的,而是由无限多的复杂机缘所决定的,个人所能决定的只是自己的努力。只要在过程中努力了,拼搏了,而且是最大限度地努力了拼搏了,即使失败也问心无愧,精神上也充满了崇高感和自豪感,虽败犹荣。这里强调的是过程的欢乐与精彩,而非目的的坚执与痴迷。

总之,对于每个人来说,人生意义不是先验的、固定的,而全是自己创造并体验出来的,你创造并体验出什么意义,它便有什么意义;你想让自己的人生具有什么意义,就看你有怎样的作为和心灵能力了。

---

① 阿碧:《生命的意义》,《散文》1998年第4期。

人生意义

结语：在为他人为社会释放正能量的过程中体验意义

听过十几位圣哲贤人和普通大众关于人生意义的言说,看过几十位普通百姓怎样现实地活出了自己的人生意义,进行过智力游戏般抽象而快乐的哲学思辨,最后你有什么感受呢?

笔者不知道你的感受,反正我自己感觉像是从虚无缥缈的天上逐渐降到了踏实沉着的地上,从玄之又玄的"形而上"回到了看得见摸得着的"形而下",从纯理论的迷宫回到了鲜活的生活现实,用当下流行语表述即"接了地气"。

是的,从宇宙看,从终极看,人生短暂而渺小,无论做什么,在宇宙中都不可能留下痕迹,从这个意义上看,人生当然可以说没有意义。但是,我们毕竟不是生活于恒星上、宇宙中,而是生活于地球上、社会中啊!生活于社会中就需要从社会角度看问题,从社会角度把握人生的意义。

诚然,在科学家眼里,人只是一束分子、原子、中子或质子,只是肌肉、骨骼和神经的松散组合,只是会生病、会疼痛的一个红色肉块,只是饥饿和性欲控制下的一系列条件反射。但是,科学家看到的只是人的物质属性、生理属性、自然属性,而没有看到人的精神属性、价值属性、社会属性。而人之所以为人,不在于他的物质

结语:在为他人为社会释放正能量的过程中体验意义

属性、生理属性、自然属性,而恰恰在于他的精神属性、价值属性和社会属性。所以,用科学眼光看人生意义恰如盲人摸象,摸到一面便妄下结论;又如用尺子量重量,拿错了工具,用错了地方。

人生意义问题,一直被人们说得无比玄妙、异常复杂,但是,通过本书的大致梳理可以发现,它其实是既玄又不玄,既复杂又不复杂。走出神秘和玄奥,别想那么多,回归社会,回归现实,尽好你的多种人生责任,踏踏实实做好你手中的事吧!能做多少做多少(量),能做多好是多好(质)。做,就是意义;做好了,为他人为社会释放了正能量,让他人因为你的存在生活得更美好,就是你人生的意义。别再为此一味地苦恼、困惑、追问、探寻,永远在玄思却一事无成,浪费了生命,空耗了能量,太可惜了!在人生意义问题上,重要的不是想,也不是说,而是行动,是如何做。

当然,我们这样说,也是因为我们穷尽脑汁地想过了。想过了,作为过来人,才有上面的劝告。人生问题不能包办,不能复制粘贴,必须亲自思考过。你要是没认真想过,已经有的现成道理并不真正属于你。从这个意义上说,笔者绝不反对人们对人生意义的思考和探寻,而是说不要永远停留于空喊层面,最好积极借鉴前人的思考成果,快快地走出玄思,进入创造。正如胡适先生所说,与其终日冥想人生有何意义,不如试用此生做点有意义的事,这样一来,你活一日便有一日的意义,做一事便添一事的意义,生命无穷,生命的意义也无穷了。

人生意义

附录：史铁生怎样看待人生意义[①]

一、"活，还是不活"对于史铁生来说曾是一个极为严峻的问题

史铁生在为洪峰的小说《瀚海》写的序中，说过这样一段话："我看洪峰这人主要不是想写小说，主要是借纸笔以悟死生，以看清人的处境，以不断追问那个俗而又俗却万古难灭的问题——生之意义。"[②]笔者认为，用这段话来概括史铁生自己的创作也是十分恰当的。因为"生的意义"是史铁生全部创作尤其是1985年以后的创作所探寻的主要问题之一。他认为世界上所有生物中，只有人不满足于单纯的生物性和机器性，只有人才把怎样活着看得比活着本身更要紧，只有人在顽固地追问并要求着生存的意义。[③]他把"生之意义"作为文学的起点、文学的根，他抓着这个"俗而又

---

① 胡山林：《史铁生怎样看待人生意义》，载"史铁生精选珍藏文集·评论集《另一种理想主义》"第127～142页，凤凰出版社，2011。

② 史铁生著：《史铁生作品集》第二卷，第449页，中国社会科学出版社，1995。

③ 史铁生著：《史铁生作品集》第二卷，第393页，中国社会科学出版社，1995。

俗却万古难灭的问题"苦苦思索,层层掘进,其执着和深入程度在中国当代作家乃至古今中外所有作家中,都可以说是罕见的。正是因为这一点,史铁生的创作具有了与众不同的精神个性。

史铁生之所以对"生之意义"有如此痴迷、如此坚韧的热情,一是因为这一问题是关乎人类生存的最根本的哲学命题,人类自古以来都在思考它但始终没有结论,因而最富悬念、最具诱惑力;二是因为史铁生21岁那年双腿瘫痪,落下终身残疾,生存的绝境迫使他不得不思考这一问题。致命的打击几乎摧毁了他的生存意志,"活,还是不活"对于他来说的的确确成了一个极为严峻的问题。经过紧张痛苦的内心搏斗,他选择了活。但活要活得明白,即不但要活而且要问为什么而活,亦即"生之意义"。这是活下去的理由和根据。为此,史铁生开始了追问生之意义的漫长精神之旅。在这一过程中,创作成了他最好的思考工具。他借创作来思考,又通过创作把思考的成果传达出去,创作与思考在他那里是一回事。曾经有记者问他"为什么写作",他回答说为了不至于自杀。他说这不是玩笑而是真心话,对他来说,写作真的是要为生存找一个至一万个精神上的理由,以便生活不只是一个生物过程,而是一个充实、旺盛、快乐的精神过程。

综观史铁生的全部创作,他也确实是循着这一思路走过来的。那么,史铁生是怎样探寻并回答这一问题的呢?本文试对此进行初步的梳理和归纳。

二、生命意义在于同不幸命运做顽强抗争

史铁生最早思考"生之意义",当然是从致残后跌入命运的低谷开始的,这在他的自传性小说《山顶上的传说》中有着详细的描述。

小说主人公也是一位两腿瘫痪的青年,而且也酷爱文学创作,与史铁生有着共同的处境和命运,史铁生可以很容易地把自己的

心态转移到他身上。在小说中,这位青年伤残后对飞来的横祸无论如何不能理解、不能接受,情绪极为沮丧,经常发怒,恨命运的不公平,不明白为什么天下人都好好的而偏偏自己这么不幸。而且,更让他受不了的是社会上人们对残疾人的偏见和歧视:他和一位姑娘相爱了,但姑娘的父母就因为他的残疾而死活不同意;他和姑娘约会时,周围人可以随意闯入而毫无歉意,因为他们认为残疾人根本不可能获得爱,也不该获得爱,如果他爱别人或接受了别人的爱,就是居心不良;他写小说,编辑愿意降低标准发表,因为他是残疾人——这一切,让重视心灵自尊的他受到极大的伤害,他痛切地体会到"歧视也是战争,不平等是对心灵的虐杀"。他常做噩梦,梦见自己独自爬行在一片荒野上,前面是一群狼,后面是两只虎,左边是毒蛇,右边是鳄鱼,上天无路,入地无门;或者梦见自己拖着两条变了形的残腿走进了人们的包围圈,周围每一张脸上都带着嘲笑,他拼命地逃,但总也逃不掉。他觉得自己正在变成一条狗——如此残酷的精神折磨使他痛苦,使他怨恨,然而却找不到对象:"你倒了霉,又不知道该恨谁;你受着损害,又不知道去向谁报复;有时候你恨一些人,但你又明白他们都不是坏人——你被一种莫名其妙的力量抛进了深渊。你怒吼,却找不到敌人。"[1]总之,他恨一切人,想把整个世界都毁掉。但这一切全无用,于是他想到了死,他感到活着不如死了好:"为什么一定要活着呢?这么难,这么苦,这么费劲,这么累,干吗还一定要活着?""在这静悄悄的深夜,死去,是一件多么轻松、多么惬意的事!"——死亡对于他来说,是一种彻底的解脱,一种极大的诱惑。

但他终于战胜了死亡的诱惑,走出了心灵的深渊。促使他完成这一转变的是他对于死的领悟。他想,死反正是一件早晚必会

---

[1] 史铁生著:《史铁生作品集》第二卷,第244页,中国社会科学出版社,1995。

附录:史铁生怎样看待人生意义

到来的事,何必那么着急呢?等你实在熬不下去的时候,死神自会来搭救你;但它没来,说明你还有力气。有力气何不活下来试试去争取欢乐呢?反正闲着也是闲着,不试白不试,有力不用而让它浪费掉不等于傻瓜吗?在命运的航道上挥起你的双桨吧,这样至少可以在沉重的桨端感到抗争的欢乐,比随意受摆布舒服,比闲着忍着多一些骄傲。"从抗争中去得些欢乐,欢乐不是挺多吗?真的,除去从抗争中得些欢乐,活着还有别的事吗?人最终能得到什么呢?只能得到一个过程!在这个过程中,谁专门会唉声叹气,谁的痛苦就更多些;谁最卖力气,谁就最自由、最骄傲、最多快乐。"[1]于是,他找到了自我拯救之路:活下来同命运做顽强的抗争,在抗争中争得人的尊严、人的骄傲,争得心灵的幸福。这就是那位残疾青年对生命意义的领悟,也是当时的史铁生对"生之意义"的领悟。

最能代表史铁生当时精神状态的意象,是一只"牛"——一只青铜雕塑的公牛:它站在橱窗里,梗着脖子,四只蹄子紧紧地抠在地上,身体的重心全移到了高高隆起的厚实的肩峰上,低着头,两只犄角像两把挥舞着的尖刀。"老头愣住了,被牛的骄蛮的姿态吸引住了。牛身上每一块绷紧的肌肉都流露出勃勃的生气和力量,每一条涨鼓的血管都充满了固执和自信,每一根鲜明的骨头都显示着野性的凶猛,使人想到一只被它顶死的老虎,想到它被老虎咬伤的地方淌着黏稠的鲜血,想到它冲向对手时发出的暴怒的咆哮,想到它踏在老虎尸体上时那傲视一切的眼神,它晃着那对刀一样的犄角,喷着粗气,在荒野上飞奔狂跳——他望着那只牛,沉静了多年的血液又在身体里动荡、奔突。老头明白了,他常常在梦里看见而醒来又变得模糊的那个形象,正是这样一只牛。"(史铁生:《夏天的玫瑰》)总之,这只"公牛"是史铁生精神状态的外化,当时的史

---

[1] 史铁生著:《史铁生作品集》第二卷,第291页,中国社会科学出版社,1995。

铁生认为活着的意义就在于同不幸的命运做顽强的抗争,在抗争中显示残疾人同样有着健康的生命力,同样能够赢得做人的尊严,赢得精神的骄傲。

三、生命意义在于不断超越人生困境

战胜了死的诱惑,同时也领悟了生之意义。从渴望死到勇于生,这是史铁生精神上的一次大解放。此后他的作品的调子就再也没有《山顶上的传说》那么沉重、压抑、痛苦了,而是转向了深沉、宁静和平和。但这只是史铁生精神的初步解放,这次解放使他从自身厄运的阴影中走出来,获得了直面人生的精神力量。随着对人生思考的深入,他又有了新的发现,从而对"生之意义"有了新的见解,这使他的精神得到了更大的解放,进入更加恢宏、深远、澄明的境界。这就是他发现了不只是不幸的自己有自身的局限,人人都有局限;不只是自己身处人生困境之中,人人都身处困境——各种各样的困境——之中。这就是说,局限、困境不光为残疾人所独有,健康人也有,大家原本同在困境中挣扎。总之,局限、困境不是哪个人、哪类人所独有的,而是全人类共有的。从此,"残疾"这一概念在史铁生的词典里具有了更丰富的内涵,即不仅仅指生理上的,同时也指心理上、精神上的了。史铁生认为更可怕的是身处困境而不自知,心有残疾而无意识,还在愚昧地为自己制造深渊,任凭困境扭曲自己。这种对于残疾的新的理解,使史铁生超越了自身的不幸,开始由对自身困境的思考转向了对人类共同困境的探讨。

一经深入思考,史铁生就发现了人的许多与生俱来的根本困境。例如,人生来注定只能是他自己,人生来注定活在无数他人中间并且无法与他人彻底沟通,这意味着孤独;人生来就有欲望,人的欲望无穷,然而实现欲望的能力却有限,这是一个永恒的距离,这就产生痛苦;人生来不想死,可是人生来就是在走向死,这意味着恐惧;宇宙无穷无尽,人类不可能穷尽未知,不可能把矛盾认识完,因而就无法彻底根除灾难和痛苦,无法从根本掌握自己的命运,等等。

困境与生俱来、与生俱存,困境永远困扰着人类,给人的生存带来痛苦,那么人类应该怎样对待困境呢?史铁生认为,困境是"上帝"设置的,谁也不可能把它消除,因而对待困境没有别的办法,唯有从精神上实现超越,从不断的精神超越中实现人的价值,获取人生的意义。

例如,史铁生在散文《我的梦想》中说,因为瘫痪,所以能走能跑就成了他的梦想,他喜爱并崇拜美国短跑名将刘易斯,认为他是世界上"最幸福"的人。然而1988年汉城奥运会上,刘易斯败于约翰逊(后被查出服用兴奋剂)后无比痛苦,当时他那茫然的目光就像个可怜的孩子。这使史铁生认识到,世界上并没有"最幸福"的人,上帝在所有人的欲望面前设下永恒的距离,公平地给每个人以局限。"如果不能在超越自己局限的无尽路途上去理解幸福,那么史铁生的不能跑与刘易斯的不能跑得更快就完全等同,都是沮丧与痛苦的根源。"这就是说,要想化困境、局限的痛苦为幸福,必须从精神上进行超越,有一个了悟人生意义的灵魂。"我们不能指望没有困境,可我们能够不让困境扭曲我们的灵魂。"

再如,人类面对无穷尽的未知和神秘,哲学依靠智力想把它弄清楚,以期根除人类灵魂的迷茫。但上帝设下谜语,只是为了让人猜测却不想让人猜破,每一个谜底都是十个谜面,人用智力永远猜不破,哲学也就逃不脱困境。科学也一样。怎么办呢?史铁生认为,智力的局限要由悟性来补充,哲学和科学的局限要由宗教精神来补充。什么是宗教精神?宗教精神不是宗教,而是一种"精神"。宗教是人们在"不知"时对不相干事物的盲目崇拜,是迷信;而宗教精神却是人类发自生命本原的固执的向往,是智性、哲学、科学三者精疲力竭之际代之以前行的生命力量,是"人们在'知不知'时依然葆有的坚定信念,是人类大军落入重围宁愿赴死而求也不甘惧退而失的壮烈理想"。一句话,宗教精神是人类精神意志对"未知"困境的勇敢进军、勇敢超越。人的尊严、人的意义就在这超越中产生。

总之,在困境中的人类,要想不被困境"困"死,就必须努力突破它,突破的根本途径在于精神——对困境进行精神上的超越。史铁生认为,在精神上超越困境是人类的自我救赎之路,人的生命意义就在这无休止的超越中获得,人生的价值就在这无休止的超越中实现。超越困境不是消除困境——困境之所以是困境,就在于它是永远无法消除的。因此,所谓超越困境,就是首先承认它的存在,但却不为其存在所困死,而是与之进行顽强不屈的抗争。就像西绪福斯那样,首先坦然接受那永无休止的苦役,然后与之做"绝望的抗争"。当他走下山重新去推那块巨石时,他的心态是镇定而自信的,他的脚步是沉着而稳重的。他明知永无成功的希望却敢于蔑视自己的命运,敢于向诸神发出挑战。他在这无望的努力过程中获得了存在的意义,因为他以此证明他高于命运,他比巨石更强大。正如史铁生所说的:"我们不能指望没有困境,可我们能够不让困境扭曲我们的灵魂。"[1]这就是说,超越靠的是一种精神,一种不屈的意志,一种与天地共存天人合一的博大胸怀。所以史铁生一再强调"精神"对于超越困境的意义。他认为人的根本标志是精神,他反复说:"什么是神?其实,就是人自己的精神!"[2]

---

[1] 史铁生著:《史铁生作品集》第二卷,第371页,中国社会科学出版社,1995。

[2] 史铁生著:《史铁生作品集》第二卷,第296页,中国社会科学出版社,1995。

"每一个人都有的神名曰精神。"[①]"有一天我认识了一个神,他有一个更为具体的名字——精神。在科学的迷茫之处,在命运的混沌之点,人唯有乞灵于自己的精神。"[②]

四、生命意义在于创造美好与精彩的人生过程

生命意义在无休止地超越困境中获得,那么,"无休止超越"的动力何在呢?困境与人类相伴相随,人类不断突破它又永远摆脱不了它,如此看来,人生不就是永恒不尽的苦役吗?还有什么欢乐可言?况且,人尽管百般奋斗,最终免不了一死,人类尽管百般努力,地球终究要毁灭,那么,奋斗、努力还有什么意义?这些严峻冷酷的问题本身即"困境",它迫使史铁生继续深入思考,思考支撑人永远奋斗、永远超越的力量源泉。思考的结果,是他发现了"过程"的价值和意义。他认为,人生百般奋斗、不断超越的意义不在于任何一个具体现实的功利"目的"的实现上,而在于不懈追求的"过程"本身之中,简单说即"过程就是目的","过程就是意义"。

为什么说过程就是目的,就是意义?史铁生的心路是怎么通向这一观点的呢?小说《命若琴弦》是他初次对这一问题的回答。作品写了一老一小两个以说书为生的瞎子,日子过得很艰苦很紧张也很愉快,因为老瞎子心存一个美好的希望:师父传给他一张可以治好眼睛的"药方",只要虔诚地弹断一千根弦,就可以吃这服药。老瞎子为此奋斗了一生,及至弹断一千根琴弦到城里去取药时,他才知道"药方"原来是一张白纸。老瞎子的精神一下子崩溃了,一辈子奋斗的目标顿时化为乌有,以后还怎么活?在他痛苦异

[①] 史铁生著:《史铁生作品集》第二卷,第456页,中国社会科学出版社,1995。

[②] 史铁生著:《史铁生作品集》第二卷,第212~213页,中国社会科学出版社,1995。

常地往回走时忽然想到:过去琴槽里封的不也是这张白纸吗?为什么那时那么有劲那么欢乐呢?因为那时心存希望。看来人活在世上必须有一个目标,在生命和目标之间拉起一根琴弦,才能弹奏出动听的人生乐章。这时他才领悟了师父的用意。于是他回到小山村,像举行人生交接仪式一样庄严地把"药方"传给了徒弟,又一个紧张兴奋的人生历程开始了。这篇小说以深沉的人生思考打动了读者。它告诉我们,人活着必须有一个目标,这是人活着的精神动力。即使这目标是虚设的,最终没有实现,只要为之奋斗了,你的人生也是有价值有意义的。从根本上说,人生是一个过程,一个由生到死的过程,人生的意义并不在于目标的实现,而在于为了实现目标而追求奋斗的过程中,即"永远扯紧欢跳的琴弦,不必去看那张无字的白纸"。

人生是一个过程,人生的意义不在于目的而在于过程,这是一个相当深刻的命题。不过这一命题由老瞎子的命运传达出来,多少显得有些悲凉和无奈,让人心里感到沉重和压抑。后来,随着思考的步步深入,史铁生的情绪基调由低沉到昂扬,由悲凉到热烈,由无奈到从容。他对上述命题的论证也更充满激情,更有说服力。

他以球赛为例进行论证。一场足球赛90分钟,常常只进一两个球或以零比零结束,那么目的是什么呢?就是过程。在这90分钟"过程"中,球员展现了、球迷欣赏了生命的矫健、坚强、智慧和优美,否则无论进多少球都没有意思。如果90分钟光是罚点球肯定进球多,但这有意思吗?没有了过程就没有了趣味,没有了快乐。在真正的球迷看来,过程比目的要紧。所以,没有及时看上实况转播而只能看录像的球迷不让别人告诉结果,因为他们要在前途未卜的过程中享受激情、享受惊险、享受渴望、享受悲欢,他们着迷的是过程。更高明的球迷甚至不怕知道结果,无论结果如何,丝毫不影响他们的兴致,只要那过程充满艰难的激情,不管辉煌的还是悲壮的,他们依然会如痴如醉地沉浸在美的享受之中。

附录:史铁生怎样看待人生意义

生活也和球赛一样,上帝给人们设置障碍和困境,让你去奋斗、去拼搏、去超越,这一过程充满了趣味和快乐。这就是说,奋斗过程中的渴望、激情、悲欢本身就是趣味和快乐,就是最大的精神享受,就是美。这就是生活的目的和意义。

仔细想想,实际情况正是如此。你如果老是把眼光盯住具体现实的功利目的(名利物等),那么,目的没有达到时的漫长过程就是难熬的痛苦;即使达到了,短暂的高兴之后又是漫长的痛苦的过程(因为又要追求新的目的);况且,目的能否达到往往不取决于个人,而常常与"上帝"的情绪有关。所以把欢乐寄托在"目的"上,或者靠不住,或者太短暂。而且,即使目的达到了,随着死亡,一切将不复存在,又是一个彻底的大绝望。总之,怎么也摆脱不了痛苦、焦虑和绝望,逃不脱绝境。相反,如果把对"目的"的重视转向"过程",情形就大不一样了。"一个只想(只想!)使过程精彩的人是无法被剥夺的,因为死神也无法将一个精彩的过程变成不精彩的过程,相反,你可以把死亡也变成一个精彩的过程。于是绝境溃败了,它必然溃败。你立于目的的绝境却实现着、欣赏着、饱尝着过程的精彩,你便把绝境送上了绝境。梦想使你迷醉,距离就成了欢乐;追求使你充实,失败和成功都是伴奏;当生命以美的形式证明其价值的时候,幸福是享受,痛苦也是享受。"[①]这段话简直可以说是一首激情洋溢的"过程哲学"的赞歌,高度赞美了"过程"的意义和价值。

当然,重视"过程"并不等于不要"目的";没有"目的","过程"就没有方向,也是一种很空茫的处境。只是需要明白,"目的"的设置不是目的,而是为了引出一个精彩的"过程"。为了"过程"的精彩与辉煌,人们需要设置高尚远大的"目的"。为了追求这一"目

---

① 史铁生著:《史铁生作品集》第二卷,第199页,中国社会科学出版社,1995。

的",你生龙活虎,不屈不挠,充满激情,每一分钟都是快乐;在这一过程中,你把超越连续的痛苦看成跨栏比赛,把不断地解决矛盾当作不尽的游戏,你实现了生命的骄傲和壮美。这时候的你,已经超越了任何现实的世俗的功利的目的,而只陶醉在充满活力地奋斗、拼搏、创造的过程之中,你"像加缪的西绪福斯那样有了靠得住的欢乐,这欢乐就是自我完善,就是对自我完善的自赏"①。这是什么境界?当然是一种审美境界;这是一种审美的人生观、价值观,也就是尼采所说的人生只有求助于审美而获得意义。

经过漫长的精神跋涉,史铁生对于"生之意义"终于有了自己独特、深刻、成熟、理性的理解。对此,他在一篇散文中做了这样的总结:"生命的意义就在于你能创造这过程的美好与精彩,生命的价值就在于能够镇静而又激动地欣赏这过程的美丽与悲壮。"②

史铁生的精神跋涉一步步地走过来,一步比一步深刻,一步比一步成熟,其中一以贯之的基本精神是永远的进取和不息的奋斗。当初,他从死的诱惑中走出来决定与厄运做抗争之时,虽然有些被动(被逼无奈),但却是勘破生死意义之后的理性选择,而不是空喊口号或虚张声势,因而这不是虚假的乐观主义(史铁生称之为"傻瓜乐观主义"),而是清醒悲壮的乐观主义,这里贯注的是冷静的意志力量。面对重重人生困境,史铁生主张在进取中突围而不是相反。如对待"能力与欲望的矛盾"这一困境,佛教、道教及叔本华等主张靠消灭欲望来求得和谐,史铁生认为灭欲只能走向僵化或毁灭,他主张靠进取求和谐。每进一步便找到一步的和谐,永远进取便永远在和谐中,唯对不和谐的超越(而非逃避)才是人的光荣,

---

① 史铁生著:《史铁生作品集》第二卷,第412页,中国社会科学出版社,1995。

② 史铁生著:《史铁生作品集》第二卷,第199页,中国社会科学出版社,1995。

"进一步"就是生机勃勃的进取精神、创造精神。至于把"过程"当"目的",在"过程"中求快乐、求意义,则已经不是在一般意义上而是从终极角度讲进取了;进取已完全是人的自由自觉的行为,已经与宇宙生命本身规律暗合("天行健,君子以自强不息"),进取本身无比快乐,已成为审美享受的基本内涵了。

总之,不懈地追寻生命的意义,是史铁生创作的动力源泉,也是他作品的中心意蕴。人活着就是不断地和困境相周旋,人生的根本意义就在实现生命对美(精神解放、自我完善)的追求过程之中展开,这就是史铁生对生命意义的最简单、最朴素的概括。

五、"过程哲学"的启示

生命的意义不在于目的而在于过程,对于这一结论,一些读者颇有点想不通,认为这太背离常人思维了。是的,问题的症结就在这里。史铁生对生命意义的思考,视角从个人跨到人类,又从人类跨到终极。从终极角度看人生,人从虚无中来,又回到虚无中去,匆匆几十年,弹指一挥间,不是"过程"又是什么呢?当然,"过程"中矗立着一个个"目的",但"目的"只是一个个"点",而将"点"贯穿起来的是"过程"。正如史铁生所说,"目的"的抵达是短暂的,抵达之前或之后都是"过程"。"目的"恰似人生旅途中的路标(或路灯),其存在的意义在于引出"过程",照亮"过程"。假如没有"过程"的美好与精彩,假如你意识不到"过程"中的追求、奋斗、激情、悲欢本身就是生命力的释放,就是精神自身的愉悦,因而就是意义之所在,而仅仅把意义寄托在"目的"上,那么等你又回到虚无的时候,就会感到无比的悲凉,因为你又变得一无所有。总之,如果你一颗心系于所得系于占有,当一无所有时你就会感到恐惧,离开这个世界你将心情黯然;但你若把心系于"过程",那么此生中只要尽力了,那么成功也罢,失败也罢,哭也罢,笑也罢,本身就是享受。你无怨无悔,会笑着离开这个世界。

总之,理解史铁生还是要掌握他看问题的基本视点——终极。视点找准了,思路就豁然贯通了。

史铁生对生命意义的理解和阐释,来自他独特的生命体验,来自他敏感的心灵和善于深思的天性。但毋庸置疑,也与现代哲学思潮有关,现代哲学思潮充分肯定"过程"的意义和价值。

在西方,传统的基督教文明认为,人生的目的不在现世而在遥远的天国,人活着就是为了不断地吃苦赎罪以便死后进入天堂。现代工业文明背景下,人们生活的目的当然不再是遥远的天堂,而是未来的某个具体功利目标和更高的社会阶层。为了登上社会高层,为了成为管理者和上等人,人们宁愿牺牲自己的"现在"。除了未来的某个目标之外,"现在"本身并无多大价值,"现在"成为某个目标的牺牲品,一个目标达到了,还有下一个目标,生活本身则永远是一种暂时的和虚假的东西。上述人生观的共同点是,把生命的意义寄托于虚幻的"未来"而独独忘却了现在,忘却了眼下的现实生活。于是,生活本身成了一场永无穷尽的苦役。后来,人们终于发现这是对生命的扭曲、压抑和异化,于是开始了对生命本来意义的沉思。

早在17世纪,法国思想家帕斯卡尔对生命沉思后指出,人必死,但人又追求永恒,这本身便是一大谬误;所以人要特别珍惜现在的每一时刻,生命的价值不在死后产生,而是在死前这段或长或短的过程中。

德国古典哲学大师黑格尔也阐述过生命过程与结果之间的辩证关系。他一再强调,生命乃是一种变化过程,其实质就在这变化过程本身。他还批评有些人总爱忘记这一点,只看结果不看过程。黑格尔主张把过程自身视为目的,而不仅仅是为其他目的服务的手段。黑格尔的这一思想曾得到列宁的肯定。

美国哲学家杜威也特别看重过程的意义。他认为人的生活就像乘火车做不间断的旅行,永远也不能到达目的地,人们每解决一个问题,又有新的问题横在前头。只有人死了,目的才算达到了。因此,杜威告诫人们要关注人生的过程,关注现实的生活。

20世纪流行于西方的存在主义思潮也充分肯定人生的意义在于奋斗的过程。存在主义的"存在",按字义解释,就是突然冒出来或走出来的意思,这实际上仍然指一种包括生成、存在和消亡的过程。存在的对立面是"本质",本质指一种恒常的、普遍的、过去现在未来都始终如一的性质。两者相比,前者指"怎样",当然涉及过程;后者指"什么",主要涉及一种终极结果。因此,所谓存在主义,也可以称之为"过程主义"。

"过程哲学"把人生理解为一个过程,生命的意义就在于过程的美好与精彩,这一观念给我们的现实人生许多有益的启示。

首先,它启示我们必须学会关注自己的生命过程,关注当前的生活,而不必总是把意义寄托于虚假的"天国"。即使是基督教,其人生观也顺应了现代哲学的新观念,从"出场"(目的)的事物中看到了与之相联系的无穷无尽的"未出场"(过程)的事物,把眼光从虚无的天国(目的)转向了现实的生活本身(过程)。

其次,"过程哲学"还启发我们,对待生活一定要重生存而不重占有,重过程而不重目的,即讲究生存的内在质量而不追求什么虚假的外在的所谓"辉煌"。人常说,人在江湖,身不由己。这句话也可以理解为人在俗世,很难不受俗世的影响。俗世中人差不多都在为功名利禄富贵荣华而忙碌,但忙碌之中或过后,有时忽然会觉得自己被一种强大的外力牵着鼻子走,变得不像自己了,或者干脆没有自己了。这时候人可能意识到生存的内在质量,才可能领悟重生存而不重占有、重过程而不重目的的意义。

还有,"过程哲学"还让我们更深刻地理解了中国古人的人生智慧与人生态度:尽人事以听天命。"尽人事",强调的是个人的主观努力,是积极的拼搏与奋斗;"以听天命"即结果如何不必计较。我们希望有好的结果,但结果好坏("出场")往往不是个人所能决定的,而是由无限多的复杂机缘("未出场",上帝、天命)所决定的。作为个人,所能把握的只能是自己的努力,只要在过程中努力了,拼搏了,而且是最大限度("尽")地努力了,拼搏了,即使失败也无怨无悔、问心无愧,精神上充满了崇高感和自豪感,虽败犹荣。这里强调的是过程的欢乐与精彩,而不是目的的坚执与痴迷。

总之,"过程哲学"是一种积极、健康、通达、理性的人生观。透彻地理解了这一点,就可以使我们的精神永远处于自由、幸福、快乐的境地,使我们的人生永远充满生命的活力,充满创造的激情。